GUIDA GALATTICA PER GLI AEROMODELLISTI

Passion Fruit
collection

A chi mi ha sempre sopportato

Alessandro Ginestri

JET ELETTRICI
A VENTOLA INTUBATA

L'Aeroplanino editore

www.aeroplaninoeditore.it

ISBN 978-88-905532-3-3

In copertina l'MB339 Pan FlyFly dell'autore
fotografato da Fabio Fasciani

Prefazione

Mai e poi mai avrei pensato nella vita di poter scrivere un libro.
Ma la frequentazione dei forum modellistici sul web, e dei modellisti in carne e ossa sui campi, mi ha fatto cogliere al volo l'occasione offertami dal temerario editore di questo volume.

Per la prima volta nella storia dell'aeromodellismo, oggi la tecnica della ventola intubata ci offre l'opportunità di riprodurre jet a costi umani.
La scelta di materiale tecnico per il "modellista ventolaro" è vasta, valida e affidabile, se viene usata con criterio.
E per fare un jet non c'è più bisogno di affrontare grosse spese.

Purtroppo il movimento delle ventole intubate sta prendendo una piega più commerciale che modellistica, e questo è un vero peccato: si compra troppo e si progetta, si costruisce, si ottimizza e si personalizza poco. Va da sé che per modellista di vecchia data, come il sottoscritto, vedere una branca ormai matura del nostro hobby etichettata come "roba da schiumini", cioè piccoli aeroplanini di polistirolo, dà molto fastidio.
Io appartengo con orgoglio a quel genere di umanità che pensa con la sua testa e va dritta allo scopo, senza badare troppo alle opinioni dei soloni che certe volte imperversano sui campi (e nei forum).

Come tutte le cose, anche la tecnologia delle ventole intubate vive di compromessi; per esempio, un jet a ventola non ha il suono e l'appeal di una turbina, ma per quanti anni abbiamo volato con i motori a due tempi che erano lontanissimi dal rumore dei motori aeronautici "veri"? A lungo abbiamo fatto finta di niente e abbiamo volato felici con riproduzioni di caccia della seconda guerra mondiale che, invece di ruggire, miagolavano.

Quindi, eccomi qui, davanti al computer, a cercare di far comprendere come un modello di jet possa essere riprodotto e fatto volare senza spendere una fortuna. Ottenendo il massimo del realismo, del divertimento e delle prestazioni, allargando nel contempo gli orizzonti della nostra cultura (e passione) aeronautica.

Alessandro Ginestri
Marzo 2012

PARTE PRIMA

IL VOLO DEL JET

Perché un jet?

Perché mai dovrei farmi un jet e complicarmi la vita
con una cosa che non conosco
quando gli aerei a elica volano benone?

Perché un aeromodellista, specie se ha già qualche modello sulla coscienza, a mio avviso non dovrebbe mai snobbare alcunché.

Tanto meno la gran parte dell'aviazione moderna, costituita da velivoli in maggioranza a reazione. Macchine che beneficiano di studi aerodinamici recenti e sono pertanto più avanzati, efficienti e sicuri: sia full scale sia riprodotti alle nostre dimensioni.

Tutto ciò ha un suo peso se per esempio abbiamo intenzione di mettere mano a una riproduzione piuttosto impegnativa: un'aerodinamica efficiente, moderna e sana sull'originale spesso si traduce in un volo sano e gestibile anche sul modello ridotto, pur con tutto il rispetto che il signor Reynolds esige (sì, proprio lui, quello del famigerato numeretto).

Oltretutto si ha spesso a che fare con ali a delta, o comunque dalle corde generose. E se è vero che le aperture alari sono ridotte, è anche vero che avremo un buon numero di Reynolds ad aiutarci, con tutto quel che ne consegue nella gestibilità di un'ala: i modelli di jet di solito sono prevedibili, stabili e quasi mai cattivi.

Poi, diciamolo una buona volta: c'è tutto un mondo di aerei da riprodurre e inventare là fuori. Aerei che abbiamo sempre sognato e guardato da lontano, scoraggiati dai costi o dalla complicazione tecnica che le turbine comportano. Aeroplani (sì, aeroplani, anche se qualcuno può pensare che

IL MAGICO NUMERO DI REYNOLDS

Per l'aeromodellista, il numero di Reynolds è particolarmente importante perché, in teoria, possiamo fare un aeromodello piccolo a piacere, ma l'aria rimane sempre quella, e più il modello è piccolo più in proporzione l'aria è più densa; se il modello fosse grande come una capocchia di spillo, più che volare nuoterebbe in un'aria che per lui sarebbe densissima.

Per lo scienziato, invece, Il numero di Reynolds (Re) è un gruppo adimensionale usato in fluidodinamica, proporzionale al rapporto tra le forze d'inerzia e le forze viscose. Il numero di Reynolds permette di valutare se il flusso di scorrimento di un fluido è in regime laminare o turbolento.

siano giocattoli) che adesso possiamo finalmente permetterci. Vi sembra poco? A me no, scoprire i jet è stata anzi una sferzata d'entusiasmo che ha ringiovanito la mia ormai datata passione.

Volare con un jet è un'esperienza diversa, insolita. Soddisfa la voglia di novità di un aeromodellista vero che, in quanto tale, è per definizione sempre alla ricerca di soluzioni nuove e magari inesplorate. Questo significa, infatti, essere aeromodellisti: mentre nell'aviazione fullsize abbiamo una netta distinzione tra piloti e costruttori, in aeromodellismo le due cose si fondono. I confini si fanno labili. Il piacere di volare con un qualcosa di diverso, tutto da scoprire, magari costruito da noi, è gioia sottile ma intensa, destinata a chi la sa assaporare.

E poi, quanti dei piloti amatoriali fullsize hanno la fortuna di mettere il loro augusto sedere su un jet? Ben pochi vi assicuro, mentre un aeromodellista può, finalmente con spesa ragionevole, costruire e pilotare il suo personalissimo jet. E questo grazie alle ventole intubate elettriche. Vogliamo rinunciare a questa opportunità? Sarebbe un vero peccato.

Anche la costruzione di un kit sarà un qualcosa di diverso dal solito. Niente di trascendentale, intendiamoci. Ma ci troveremo a trafficare con ordinate omega, condotti e batterie da alloggiare, ma per lo meno non dovremo sforacchiare un bel musetto per alloggiare un tubo o una marmitta.

L'angolo di calettamento del motore sparirà dai nostri pensieri, per essere sostituito da coni di scarico e condotti di alimentazione. E quella maledetta, introvabile elica quadripala non sarà più un tormento. In poche parole, aria nuova in laboratorio e, grazie all'assenza di un affettatrice di dita sul muso, avremo anche più sicurezza.

Solo una cosa sta ostacolando la diffusione di questa branca del modellismo: la propulsione elettrica. Non so perché ma un motore elettrico spesso spaventa l'aeromodellista di lungo corso.

Chiariamolo subito, non c'è scampo. Per far volare un jet ci sono due strade funzionali ed efficienti:

1. Mettere mano al portafogli e procurarsi una turbina, imparando tutto da capo;
2. Oppure utilizzare una ventola elettrica, imparando comunque tutto da capo.

☺ *Non discutiamo di ventole a scoppio perché è inutile nascondersi dietro a un dito: rendono meno e sono più delicate rispetto all'elettrico. Se non vogliamo prosciugare il conto corrente rischiando il divorzio, mettiamoci l'anima in pace e firmiamo un armistizio con gli elettroni.*

Non mordono ve l'assicuro, tutt'al più possono procurare un pizzicore. Un aeromodellista furbo e raziocinante non si fa preconcetti, usa quel che è giusto usare, a prescindere da mode, tendenze e integralismi nati spesso dalla scarsa voglia di rimettersi in discussione. E soprattutto, guarda a una nuova tecnologia come a un'occasione di crescere nell'hobby e non come a un disturbo modaiolo, senza scartare a prescindere qualsiasi cosa che gli consenta di rinnovarsi e innovare, solo perché al momento non la comprende.

Certo, il fascino di una vera turbina non è da mettersi in discussione. L'aeromodellismo è soprattutto un hobby emozionale e cose come il suono, l'odore, e la gioia di possedere una microturbina non sono certo secondarie per un modellista. Ma volare a turbina richiede un serio impegno economico, sapienza nell'allestimento e attenzione nella manutenzione. E servono strutture adeguate per volare in sicurezza, tutte

Un jet a cherosene. Le ventole elettriche oggi sono vicine per prestazioni alle cugine turbine modellistiche.

(Foto di Julia Plotnikova, modello di Enzo Grasso)

cose non sempre facili da mettere assieme. La ventola intubata elettrica è il compromesso ottimale tra la semplicità di gestione e costruzione di un modello elettrico e le caratteristiche di volo di una turbina. Le prestazioni in termini di spinta e peso complessivo dei sistemi moderni si stanno avvicinando a grandi passi alle sorelle a cherosene.

Finora molto è stato fatto e molto c'è ancora da fare. Per esempio, sul suono si sta lavorando attivamente con discreti risultati. Le prestazioni sono ormai al livello di una turbina di fascia media, parliamo di circa 13 kg e oltre di spinta raggiunti dalle ventole più grosse.

Certo, resta l'assenza dell'odore di cherosene. Ecco, quello è e resterà un sogno: avendo a che fare con un modello elettrico, tutt'al più potremo spruzzarlo di nascosto qua e là tra un volo e l'altro, tanto per darci un tono.

Il MiG 15 Topmodel, un piccolo jet elettrico in fibra che ha riscosso ottimi consensi.

Che cosa rende così speciale pilotare un jet

Avere tra le mani una ventola è qualcosa di particolare.
Durante il volo, proveremo sensazioni diverse
e dovremo fare ragionamenti diversi dal solito

Per prima cosa, dobbiamo considerare la particolare propulsione con cui abbiamo a che fare. Prima di affrontare un jet, per quanto piccolo e tranquillo, avremo certamente già volato spesso con un'elica sul naso. Un'esperienza che ci ha insegnato a pilotare un aereo. Ma un jet non ha (salvo sporadici casi) la trazione anteriore. E non è affetto da fenomeni fisici come la coppia di reazione o il flusso generato dall'elica sulle parti mobili di coda, fenomeni che, come sappiamo, fanno sì che all'aumentare della potenza il modello abbia la tendenza più o meno marcata a tirare da una parte, di solito a sinistra.

Con una ventola, le sensazioni saranno diverse. La prima, e più gradita, è quella di volare con un modello stabile, che va esattamente dove gli si dice di andare: una caratteristica che conoscono molto bene i piloti degli alianti da pendio: veloci, caricati e senza motore. Mentre è del tutto sconosciuta ai piloti dei "gommoli", modellini piccoli e leggeri che, se non vengono tenuti col guinzaglio stretto, vanno un po' dove vogliono, trascinati da eliche enormi che gli girano sul naso.

Sembrerà poco, ma sapere che un modello veloce non avrà strane tendenze da assecondare (o contrastare) aiuta a rompere il ghiaccio. Spesso, ma non sempre, jet significa velocità. Sapere che questa velocità è perlomeno stabile, gestibile e sicura ci aiuterà a capire che un jet urla, ma non morde. Come abbiamo detto, il volo è simile a quello di un aliante dal carico alare elevato. Con la sostanziale differenza di avere la termica sempre pronta li "a comando", sotto il pollice del gas. Non male, vero?

Il jet è un modo diverso di volare, dicevamo. Non abbiamo l'effetto coppia dell'elica. E le pareti interne del condotto, se c'è, aggiungono ulteriori capacità direzionali all'aereo. Per cui, se il nostro jet è ben progettato e ben costruito, avremo un modello che vola dritto in modo sorprendentemente efficiente. Come in ogni cosa, però, ci sono dei pro e dei contro. Questa efficienza si traduce in velocità difficile da smaltire, non avendo nemmeno l'effetto frenante dell'elica che ci possa aiutare.

Quindi, gli atterraggi vanno gestiti con grande attenzione, disegnando circuiti ben eseguiti e adeguatamente impostati. La risposta all'elevatore è più legata alla velocità rispetto a un modello a elica che gode del flusso continuo della stessa sulle superfici di coda: ad alta velocità è molto sensibile, a bassa velocità parecchio "sordo".

Anche il direzionale non è granché efficiente, sia per la mancanza di flusso alle basse velocità sia per i bracci di leva corti tipici di molti jet. Tant'è vero che molto spesso il direzionale non c'è proprio, tutt'al più per i decolli da terra ci si affida al ruotino sterzante.

Anche gli alettoni, che se riprodotti in scala sono spesso piuttosto piccoli, non aiutano un comando che il più delle volte è alquanto sordo se si vola lentamente. Ma non si tratta di difetti, le definirei piuttosto peculiarità. Ripeto, un jet è un altro modo di volare. Impareremo a rispettare le traiettorie, a raccordarle in modo dolce e plastico, capiremo davvero che il motore significa quota e l'elevatore velocità. Insomma con un jet impareremo a Volare, non a restare in aria grazie al tiro mostruoso di un'elicona immensa, il che per me che sono amante della voltige è come paragonare un rap alla danza del cigno.

Ce la posso fare?

Una ventola intubata è pur sempre un aeromodello, per cui non hai che da assimilare quelle regole di base che ti serviranno in futuro per evitare di buttar soldi e soprattutto a preservarti dalle delusioni.

Certo, stiamo parlando di aerei che solitamente hanno un livello di prestazioni abbastanza elevato, per cui far volare questo genere di aeromodello richiede un minimo di esperienza. Affrontare il volo (o peggio, il collaudo) di un jet con alle spalle solo un modello ad ala alta, o comunque un trainer, non è consigliabile.

Tuttavia, basta avere una certa esperienza con un'ala bassa per poter pensare in termini concreti a un jet, tenendo in debita considerazione le caratteristiche generali del modello. Per cui anche se si ha una discreta esperienza sarà bene rivolgere la propria attenzione a modelli adatti alla transizione: in generale, il volo non è più impegnativo di quello di un'ala bassa, ma qualche lieve differenza c'è e va assimilata con un modello adatto. La preparazione del modello è basilare: le potenze sono sempre relativamente elevate e i componenti sfruttati a fondo. Quindi, è necessario che tutto sia a punto prima del collaudo: un'emergenza in volo è evento potenzialmente catastrofico quando si ha a che fare con carichi alari elevati.

Un Parkzone Habu, una ventola intubata in espanso adatta come primo jet.
A patto di avere una solida esperienza con modelli a elica.

QUESTO È FACILE	QUESTO UN PO' MENO
Vola molto dritto.	Il circuito d'atterraggio va impostato con attenzione.
Velocità è sinonimo di stabilità.	Non va mai perso d'occhio.
Senza coppia di reazione il rullaggio è semplice.	A bassa velocità i comandi sono un po' sordi.
Difficilmente perde velocità.	Lo stallo è spesso cattivo.

Il primo jet

Meglio un po' più grande che troppo piccolo.
La dimensione conta. Ma senza esagerare

Ognuno conosce le proprie tasche, i propri gusti e le proprie capacità di pilotaggio. Alla domanda "con che jet comincio?" non c'è una risposta sola. Quindi, non dirò cosa sia meglio o peggio in assoluto, perché non avrebbe senso: quel che posso e devo fare è metterti al corrente dei problemi e delle sfide che incontrerai.

Non sto a dire che il signor Reynolds ha le sue esigenze, per cui piccolo è carino, ma anche inefficiente: buona parte della spinta verrà "mangiata" dall'aerodinamica. Un modello piccolo richiede una buona vista e un pilotaggio senza incertezze. Lo stallo sarà veloce, come veloce apparirà il modellino nel cielo.

Se tutto questo lo condiamo con il fatto che parliamo di jet facciamo bingo, perciò se sei alle prime armi con i jet e vuoi cominciare bene eviti i modelli per ventole da 50 a 64 mm, diametri tipici dei modelli della classe di peso che va dai 350 ai 600 grammi, simpatici, spesso performanti ma maledettamente veloci e specialistici. Quanto ai submicro, i modellini da 30 o 35 mm che pesano meno di un etto, beh, sono "submicro"; volano grosso modo come i submicro a elica, assomigliano a jet ma hanno ben poco del jet. Sono carini, divertenti, anche piuttosto facili da usare (lancio a parte, quello è sempre critico con qualsiasi jet, grande o piccolo che sia), ma non hanno proprio niente da insegnare.

Per la classe 70 mm il discorso già cambia: parliamo di modelli sul chilo abbondante e aperture anche oltre

Un submicro jet da 35 mm: divertente, facile da usare, economico, ma non ha nulla da insegnare a chi vuole passare a ventole più impegnative.
(Courtesy Banana Hobby)

il metro, sempre piuttosto piccini, ma già più malleabili e visibili. Hanno un prezzo generalmente un po' più alto rispetto ai diffusi classe 64 mm di fabbricazione asiatica, ma la spesa è spesso giustificata da materiali qualitativamente migliori. Restano pratici da trasportare, talvolta sono facilmente lanciabili a mano, per lo meno quelli in schiuma; lanciare a mano un 70 mm in fibra invece non è *mai* consigliabile. In questa classe possiamo trovare dei buoni trainer in epo (una specie di polistirolo, più elastico e robusto) dalle eccellenti caratteristiche di volo: un modo ponderato per far volare il primo ventolino.

Con la classe 90 mm iniziamo a far sul serio. Fino a poco tempo fa, affrontare la costruzione di un 90 era affare per pochi modellisti. Oggi, fortunatamente, il mercato ci offre anche in questa classe motori, ventole e modelli dal costo abbordabile, al punto tale che spesso un classe 90 può persino costare meno di un 70.

Personalmente ritengo sia la classe migliore per debuttare, e forse la più equilibrata in assoluto. I modelli non mancano, la scelta comincia a essere ampia, e le dimensioni abbastanza generose consentono di vedere bene il modello e anche qualche errore nel pilotaggio può essere perdonato.

Come dicevamo, Mr. Reynolds ha le sue esigenze e su un classe 90 le rispettiamo un po' di più. Per cui, il volo sarà più dolce, lo stallo più prevedibile e anche il vento disturberà un po' meno rispetto ai fratelli minori. Per contro lanciare a mano un classe 90 è più difficile, non è possibile farlo con tutti i modelli. Anche con quei pochi in cui il lancio è fattibile ci vuole un buon braccio e una certa esperienza. Sarà meglio pensare a un trai-

Un classe 90 in schiuma, forse la tipologia di ventole più adatte per debuttare.
(Courtesy Hobbytopgun).

ner da 90 mm solo se disponiamo di una buona pista, magari in asfalto, dati gli immancabili carrelli retrattili.

Dei classe 120 ne parlo solo in funzione di un prossimo futuro che ti auguro roseo, sia economicamente sia modellisticamente parlando. Un classe 120 mm esige normalmente ben più delle sei celle permesse dai regolatori economici. E la sola ventola completa di un motore può superare abbondantemente il costo di un intero modello classe 90 quindi, anche se le tasche te lo permettono subito, meglio affrontare sua maestà 120 mm con adeguata esperienza, magari in un secondo momento. Rompere un modello con costi simili per inesperienza scoccerebbe tutti e può anche essere pericoloso. Tuttavia, mettere in volo un bel modello non ha prezzo, per tutto il resto…

Vuoi fare una ventola che sia più grande dei 120 mm? Beh, che hai comprato a fare questo libro? Sono io che debbo imparare da te, probabilmente. O almeno, lo spero. Una "sberla" da 148 mm arriva a spingere 14 kg: parliamo di maxi e, se già pensi di affrontare un modello come questo, non dovresti leggere il mio manuale, al limite dovrei essere io a leggere quello che scriverai tu.

Mettere in volo un simile bestione è una faccenda che richiede molto rispetto per le forze in gioco ed esige competenze tecniche ineccepibili.

Non è una turbina, ma ci manca poco: è una ventola Aeronaut da 148 mm, capace di 14 kg di spinta. Si noti la dimensione del regolatore.

La praticità del gommolo

Qualche purista storcerà il naso, ma un gommolo (cioè un modello in schiuma, polistirolo e simili), specie se in epo, è il modo più veloce sicuro (e robusto) per rompere il ghiaccio. Un graffio non ci cambierà l'esistenza e specie all'inizio, coi modelli da lancio a mano, avremo a che fare con un modello da battaglia, di quelli da riparare sul campo con il cianoacrilato, che ci faccia volare con continuità incassando le inevitabili botte con una certa nonchalance.

Anche in questo caso, la medaglia ha il suo rovescio: un modello in foam non utilizza per motivi strutturali profili sottili e veloci, e la sua superficie non facilita un flusso laminare. Se vorremo andare veloci, dovremo farlo a suon di watt. Siccome la resistenza cresce col quadrato della velocità, va da sè che dovremo spendere dei bei soldi in batterie regolatori e motori per vedere filare un gommolo. Tralasciamo il fatto che si parla di modelli non certo disegnati all'insegna delle prestazioni estreme, per cui in caso di installazione di una motorizzazione partico-larmente potente andrà rivista con cognizione di causa anche la cellula.

Quanto agli altri materiali, hanno sempre fatto parte del bagaglio cul-turale di ogni modellista che si rispetti e sempre ne faranno parte. Se siete modellisti esperti e non vi impressiona la costruzione, sicuramente fibra e balsa rappresentano l'opzione più soddisfacente, l'estetica non ha paragone e la robustezza strutturale è molto più adatta a un volo ve-loce. Insomma, se si ha una buona esperienza, il secondo modello, dopo il debutto, sono certo che sarà in balsa o in compositi. A meno che non ci faremo cogliere dalla pigrizia continuando con i pur sempre pratici gom-moli.

EPO

Acronimo di **Expanded PolyOlefin**, il materiale più amato dai modellisti (pigri, di-rebbe qualche maligno) è un polimero di olefina, cioè una lunga catena di mole-cole formate solo di carbonio e idrogeno; in altre parole, è una schiuma espansa derivata da un idrocarburo, come il polistirolo espanso. A differenza del più noto cugino, l'epo è decisamente più elastico, robusto, si segna di meno ed è meno attaccabile dai solventi. Quindi si può incollare con cianacrilati e dipingere con smalti alla nitro che scioglierebbero il polistirolo.

Devo aspettarmi un missile o un aereo?

Dipende molto da te. Se sei uno che cerca prestazioni mostruose, non puoi pretendere di ficcare due kilowatt e un chilo tra motore e celle dentro a un modellino da 80 cm di apertura alare e passarla liscia. Se lo fai, è logico attendersi grandi velocità di volo ma anche di atterraggio.

Un jet è un aereo e, se lo carichi come un somaro, un comportamento nervoso è il minimo che puoi aspettarti. Come del resto avviene per tutti gli altri modelli, *più potenza = più velocità = più carico alare*, con la differenza che in questo caso per ottenere prestazioni anabolizzate devi imbottire il modello di watt ancor più che in un modello a elica, visto che l'efficienza di una ventola scende al salire dei giri e se vuoi correre puoi solamente alzare il numero di giri. Non puoi mettere un'elica enorme con molto passo. Diciamolo chiaramente: ne vale la pena? Superato il limite del buon senso direi decisamente di no. Anzi, rincaro la dose:

☹   *Superato il limite, aggiungere watt significa andare più piano, come vedremo più avanti quando parleremo di come ottimizzare un modello.*

Mantenendosi nei parametri consigliati dal produttore (o da modellisti esperti) riusciremo a trovare un buon compromesso, che è poi la cosa più difficile da fare; a ragionare con la forza bruta son capaci tutti, usare il buon senso è invece prerogativa di pochi.

CARICO ALARE

Il carico alare è il peso dell'aereo diviso per la superficie alare. Entro certi limiti (se sale troppo, non volerà proprio), al crescere del carico alare il modello sarà più veloce, ma servirà maggior velocità per il decollo, atterrerà più veloce e anche la velocità di stallo sarà più elevata. La portanza minore costringe a sostenere maggiormente il modello in virata. Ma in compenso, sarà più stabile e sentirà meno il vento. Tipicamente, i jet elettrici in fibra hanno carico alare alto, spesso ben oltre i 100 g/dm^2, mentre i modelli in schiuma stanno solitamente sotto gli 80-90 g/dm^2. Tuttavia, spesso i jet sono dotati di grosse fusoliere e/o grossi karman, che andrebbero presi in considerazione nella determinazione della superficie alare. Il calcolo preciso è difficile, così come lo è la determinazione del centro di gravità. Nel valutare un modello tieni quindi presente che, per esempio, un F15 dotato di una estesa fusoliera sarà meno caricato rispetto a un F86 anche se la superficie alare nominale è sensibilmente minore.

Mamma, ho perso le spazzole!

Brushless e Lipo hanno aperto la strada alle ventole intubate

La fase pioneristica del volo con le ventole intubate elettriche è storia antica. Sono anni che l'intuizione di abbinare pile e ventole per fare un jet si è dimostrata realistica, tanto che case aeromodellistiche famose hanno sviluppato in un passato ormai abbastanza remoto dei sistemi Edf (Electric ducted fan, cioè ventola intubata elettrica) basati su motori a spazzole e celle nickel-cadmio. Certo, si trattava di modelli con prestazioni e autonomie marginali, nulla a che vedere con quel che possiamo realizzare oggi.

Del resto, non possiamo esimerci dal rispetto delle leggi della fisica, secondo le quali un aereo vola grazie alla propria efficienza e alla spinta a esso applicata. Per cui, se parliamo di motori con un'efficienza attorno al 50%, di batterie pesanti il triplo rispetto alle attuali e di impianti radio non proprio leggerissimi, è facile intuire che il volo di un jet a ventola intubata con motore a spazzole non sia assimilabile a quello di un jet degno di questo nome. Fatte salve lodevoli ma costosissime eccezioni, come certe motorizzazioni al samario-cobalto e relative celle "pushate", ovvero trattate elettricamente in modo tale da offrire una forte scarica in un brevissimo lasso di tempo. In questo modo si avevano prestazioni decenti, ma sempre con autonomie risibili. Ma tutto ciò è preistoria.

☺ *Oggi abbiamo motori che arrivano al 90% di efficienza e batterie dalla capacità tripla a partità di peso e ingombro rispetto alle nickel cadmio di qualche anno fa.*

Anche i costi, grazie alle leggi del mercato, hanno subito cali notevoli. Motorizzare un jettino ad alte prestazioni oramai è alla portata di qualsiasi modellista. Ce n'è per tutti i gusti e per tutte le tasche, non resta che lasciarsi tentare.

Siccome l'appetito vien mangiando, anche le prestazioni dei sistemi brushless sono cresciute man mano che scendevano i costi. L'industria aeromodellistica ha intuito il business e s'è data da fare, così ora cominciamo a godere dei frutti della produzione di massa. Fin da subito è apparso evidente il desiderio (invero un po' frustrato) dei neoventolari di raggiungere le prestazioni delle turbine. Per cui pian piano, giorno dopo giorno, è aumentata la potenza installata nelle ventole. E oggi vediamo potenze degne di una motocicletta dentro a un modello di "soli" 10 kg.

Devo dire che non sono molto d'accordo con questa corsa alla potenza. Non perché non sia bello vedere l'uso sapiente del carbonio e dell'elettronica tipico dei sistemi ad altissime prestazioni. Il mio timore è piuttosto quello che per correre dietro alle prestazioni si perda di vista il fine ultimo di una motorizzazione, ovvero portare degnamente in volo un bel modello. E per esser bello, un modello non deve essere per forza un maxi mostruosamente motorizzato. Ma i gusti son gusti e non si discutono; *vive la différence* dicono felici i francesi. E forse hanno ragione.

Una ventola Gws Edf 64, una delle ultime a essere offerta con un motore a spazzole. Fornisce una spinta statica attorno ai 400 g a 11 volt. Oggi una 70 mm brushless a 14 volt raggiunge i 2 kg.

Perché mai dovrei farlo elettrico?

La propulsione elettrica non ha rivali per una ventola intubata.
Tanto che le ventole a scoppio sono una rarità per amatori

Un motore elettrico senza spazzole (brushless) è un esempio di semplicità ed equilibrio. André Citroen, il padre della Due Cavalli, una volta disse che quel che non c'è in un motore non si rompe. Aveva pienamente ragione. Il motore brushless è il sistema di trasformazione dell'energia in lavoro più semplice ed efficiente che mai abbia partorito la mente umana.

Facile intuire che la semplicità ci gioca a favore, quando si tratta di far girare un motore fino al ragguardevole regime di 60 mila giri al minuto. Nessun motore a scoppio raggiunge tali prestazioni; qui si parla di una velocità di rotazione pari alla metà delle altrettanto semplici (a modo loro) turbine. Per cui il primo punto a favore degli elettroni è l'enorme capacità di gestire giri da parte di un motore perfettamente cilindrico - e di conseguenza perfettamente equilibrabile - senza masse in moto alternato.

Il secondo punto a favore è che il brushless è capace di trasformare in lavoro fin oltre il 90% dell'energia che assorbe. Un motore termico non arriva nemmeno a un terzo di tale efficienza. Ciò significa che, a parità di peso e di ingombro, il motore elettrico può sviluppare una potenza tre volte maggiore rispetto al migliore dei suoi cugini a scoppio. Per quanto riguarda i vantaggi specifici dell'uso del motore elettrico nelle ventole intubate, c'è da considerare l'ingombro: col motore posizionato dentro al flusso ad alta velocità generato dalla girante, il cilindro (o peggio, i cilindri) di un motore a scoppio rappresenta una fonte di disturbo per l'efficienza aerodinamica del sistema: infatti che motore a scoppio ha una disperata necessità di raffreddamento che obbliga a posizionare cilindro e testata direttamente nel mezzo del flusso. Invece un motore elettrico è perfettamente cilindrico e possiamo, anzi dobbiamo, sistemarlo nel punto dove fa il minor danno, ovvero al centro del flusso, nella posizione di minor velocità dello stesso.

Fin qui tutto rose e fiori: i motori elettrici hanno una potenza specifica più alta dei loro cugini endotermici, richiedono molta meno manutenzione, sono più leggeri e meno ingombranti. Ma il maggior ostacolo alla propulsione elettrica è sempre stato il sistema di immagazzinamento dell'energia. Cioè, le batterie. Anche le Lipo, l'ultimo e più moderno stadio di sviluppo della tecnologia, sono alquanto inefficienti nel loro mestiere di serbatoio. L'energia che immagazzinano è soltanto una frazione di quella contenuta nei combustibili. Per fortuna viene loro in aiuto un motore eccezionale, capace di sfruttarla quasi del tutto.

☺ *La superiorità del brushless è tale che certamente sarà il motore del futuro, non solo nella propulsione di un aeromodello, ma di qualsiasi cosa che si muova sulla crosta terrestre. Per il semplice motivo che genera lavoro con una efficienza inarrivabile per qualsiasi altro sistema.*

Il dubbio non è tanto *se* i motori elettrici sostituiranno i motori alternativi di qualsiasi tipo (idrogeno compreso), ma *quando* li sostituiranno. Stiamo pur certi che lo faranno, ma solamente quando i sistemi di immagazzinamento dell'energia saranno ancora più efficienti delle attuali Lipo e, soprattutto, quando potremo produrre in modo ecosostenibile ed economico l'energia elettrica necessaria; un problemino non da poco che dovremo risolvere al più presto, se vogliamo bene al nostro pianeta e ai nostri figli.

Quel che abbiamo visto finora impone una riflessione: se i motori elettrici brushless trasformano in lavoro il 90% di energia, non possiamo pretendere ulteriori tangibili rivoluzioni nel settore dei motori. Anche ipotizzando un inarrivabile 100%, non potremo che incrementare del 10% le prestazioni attuali. E stiamo parlando di un'utopia: pur ammettendo l'uso di superconduttori, avremo sempre a che fare con l'attrito. Nel campo della propulsione elettrica non avremo più rivoluzioni, semmai graduali e lievi affinamenti fino ad arrivare al top. Un top neanche troppo necessario, se vogliamo.

L'unico settore che crescerà in modo tangibile potrà, anzi dovrà essere quello delle batterie. Lì sì che ne vedremo delle belle. Magari non domani o dopodomani, ma il progresso è certo. Non è questione solo di aeroplanini: tutta l'industria è al lavoro nella ricerca. Solo batterie migliori, più compatte, più leggere, con maggiori capacità di immagazzinamento dell'energia, ricaricabili quasi istantaneamente potranno mantenere la promessa dell'auto elettrica. Non è il motore, e nemmeno la ventola, a limitare la potenza dei nostri jet elettrici, ma la batteria: c'è un limite aerodinamico al peso e al volume delle celle che ci portiamo per aria. Se oggi parliamo di ventole elettriche dalle prestazioni simili a quelle di una turbina, è solo grazie al passaggio dalle celle al nickel cadmio alle Lipo.

Se avessimo un altro step del genere, dalle Lipo a qualcosa di meglio, magari le fuel cell usate dagli astronauti, potremmo permetterci un incremento di prestazioni tale da superare ampiamente la potenza specifica delle turbine, con buona pace di chi pensa che un motore elettrico sia sinonimo di scarse prestazioni.

QUALE JET PER QUALE DIMENSIONE							
	Indoor	Micro	Mini	Sport	Grande	Maxi	Giant
Ventola elettrica	•	•••	••••	••••	••••	••	•
Ventola a scoppio			••	••••	••		
Pulso				••••	•••	•	
Jet a elica	••••	••••	••••	••••	•		

SCHEDA I - LA VENTOLA A SCOPPIO
Vantaggi e svantaggi di pistoni, eliche, turbine e tubi d'acciaio

Insieme al pulso, la ventola a scoppio è stata uno dei primi propulsori specifici per i jet radiocomandati senza elica sul naso. Strutturalmente, è una ventola accoppiata a un motore glow a due tempi ottimizzato per girare ad alti regimi, spesso alimentato con miscele molto nitrate.

Attualmente non gode di molta popolarità, stretta com'è tra le ventole elettriche e le turbine per modellismo. Ci sono però appassionati che la amano. E obiettivamente, la ventola scoppio ha ancora molto da dire su modelli di medie dimensioni: qui la leggerezza è importante ed economicamente è competitiva rispetto alle cugine elettriche. Invece, non è molto adatta per i piccoli modelli. Non molto tempo fa, Kyosho aveva messo in commercio un piccolo Sabre intubato con un motore a scoppio OS da 2,5 cc derivato da un motore per automobili rc, con avviamento a strappo e pipa accordata. Era un gioiellino di meccanica, che però metteva bene in evidenza i limiti della soluzione; per raggiungere il regime di rotazione necessario a una discreta efficienza aveva bisogno di miscela nitrata al 30% e oltre, e per volare bene richiedeva una carburazione attentissima. Pur con questi accorgimenti, il modello non aveva una potenza esuberante e ha avuto poco successo commerciale. Ma d'altronde, all'epoca non c'erano ancora motori brushless e batterie Lipo per aeromodellismo, quindi la ventolina a scoppio Kyosho se la giocava ad armi pari coi primi Edf col motore a spazzole e batterie al nickel cadmio: allora le ventole radiocomandate erano per pochi eletti.

VANTAGGI	SVANTAGGI
► Può essere conveniente rispetto alle turbine e all'elettrico di fascia alta, specie per motori classe 10 e 15 cc	► Scarsa efficienza aerodinamica: il flusso viene sporcato da scarico e cilindro
► Non richiede i pacchi batteria pesanti dell'eletrico e nemmeno l'elettronica sofisticata delle turbine	► Al motore è richiesto un regime di rotazione molto alto che ne pregiudica la durata
	► Difficile da carburare e mettere a punto

REALISMO

COSTI

COMPLESSITÀ

PRESTAZIONI

CURIOSITÀ
Il primo jet italiano, il Caproni Campini, in realtà era una ventola intubata a scoppio. Il motore infatti era un'Isotta Fraschini Asso di derivazione automobilistica.

SCHEDA II - IL PULSOGETTO
Vantaggi e svantaggi di pistoni, eliche, turbine e tubi d'acciaio

Semplice e brutale. La primitiva potenza del pulso-reattore non può lasciare indifferenti. Un motore senza compromessi, impossibile da rallentare, garantisce scariche di adrenalina pura nei pochi posti dove può volare: è talmente fracassone che molto spesso i campi volo sono proibiti per il più grezzo dei motori a getto, derivato direttamente dalle bombe volanti tedesche che terrorizzavano Londra durante la guerra. Il principio di funzionamento è addirittura banale: attraverso una candela simile a quelle automobilistiche, una miscela d'aria e benzina viene fatta esplodere nella camera di scoppio di un tubo d'acciaio, e i gas prodotti dal botto escono dall'ugello del posteriore. Il movimento della massa d'aria incandescente agisce su una valvola che apre e chiude l'afflusso di carburante preparando la camera di scoppio all'esplosione successiva. Insomma, sono motori concettualmente così semplici che sono diversi i costruttori amatoriali di pulsogetti.

Se il motore è (in teoria) semplice, gestire il modello lo è molto meno. Il pulso non ha il comando del gas, quindi si decolla a piena potenza, si vola a piena potenza, si fa qualsiasi manovra a piena potenza e si atterra a motore spento: l'unica cosa che si può fare via radio sul pulso in effetti è spegnerlo. Già questo basterebbe a capire che è una macchina scorbutica, che richiede esperienza, sangue freddo e pelo sullo stomaco. Il pulsogetto è adatto a modelli di dimensioni medio-grandi, in grado di planare, quindi con una discreta superficie alare. Non è adatto alle riproduzioni, il tubo ha le sue esigenze, deve essere ben raffreddato e non a contatto con la fusoliera, perciò non si riesce a nasconderlo.

VANTAGGI	SVANTAGGI
► Costo contenuto	► Alto consumo di carburante
► Potenza	► Impossibile regolare il gas
► Per chi ama il baccano, è insuperabile	► Rischio di incendio
	► Estremamente rumorosa

REALISMO	COSTI	COMPLESSITÀ	PRESTAZIONI

CURIOSITÀ
Una delle pochissime applicazioni pratiche del pulsogetto è stata la bomba volante tedesca V1, collaudata con successo dalla famosa aviatrice Hanna Reitsch.

SCHEDA III - IL "JET" A ELICA
Vantaggi e svantaggi di pistoni, eliche, turbine e tubi d'acciaio

Semplice, efficace, divertente. A scoppio o elettrico, è solo questione di gusti.

Se parlate con un entusiasta di questa disciplina, sicuramente vi risponderà che l'elica in volo non si vede e che, obiettivamente, un'elica è molto più efficiente di una ventola intubata. Inoltre, l'elica potrà sporcare un po' la linea del muso (o della coda), certo. Ma per contro, non essendoci una ventola a cui dare aria, non sarà necessario aumentare il diametro dei condotti o magari aprire delle finestre sul ventre del modello, come spesso occorre fare sulle ventole intubate elettriche o a scoppio. Inoltre, i jet a elica sono molto flessibili, è una soluzione adatta a tutti, dai più piccoli parkflyer di depron ai modelli molto caricati di medie dimensioni.

Però, però... c'è un però: il volo a elica è diverso dal volo a ventola o turbina; con l'elica manca la rapida accelerazione in picchiata tipica dei jet, veri o modelli, non c'è quella rassicurante neutralità sull'asse di imbardata che nasce dall'essere immuni da effetti giroscopici e coppia di reazione. C'è troppa coppia per un volo realistico. Poi, diciamolo, l'elica non si vede, ma sappiamo benissimo che c'è.

Quanto alle prestazioni, invece, nessun problema: una piccola elica da pylon e si otterrà un "jet" che farà vedere i sorci verdi a qualsiasi ventola intubata. Oppure una bella elica grande con poco passo e si potrà fare 3D come un Flanker (vero) con la spinta vettorabile.

VANTAGGI	SVANTAGGI
▶ Costo contenuto	▶ Scarso realismo
▶ Ottime prestazioni	
▶ Flessibilità	
▶ Efficienza	
▶ Prese d'aria non necessarie	

REALISMO   COSTI   COMPLESSITÀ   PRESTAZIONI

CURIOSITÀ
Sembrerà strano, ma c'è stato almeno un jet a elica fullsize. Il prototipo del Me 262, uno dei primi jet da caccia a entrare in servizio, aveva un motore Jumo 210 a pistoni da 750 cv. I motori a reazione della prima serie risultarono infatti troppo poco potenti per tenere in volo l'aereo.

SCHEDA IV - LA TURBINA
Vantaggi e svantaggi di pistoni, eliche, turbine e tubi d'acciaio

Ultima frontiera del modellismo, le turbine modellistiche offrono il massimo del realismo; non solo il modo di volare, ma anche il suono, la fiamma, persino l'odore del carburante bruciato è uguale al vero. Tanto realismo naturalmente ha un costo, sia in termini economici sia in termini dell'impegno che richiedono: allenamento, studio, disciplina, attenzione al dettaglio e check list che poco hanno da invidiare a quella degli aerei full-size sono le chiavi per riuscire. Veloci, potenti, caricate, le turbine hanno bisogno di ampi spazi, oltre che di piste asfaltate, e di conseguenza non tutti i campi volo sono adatti a ospitarle: i modelli più veloci sfiorano i 600 km/h, a quelle velocità perdere l'orientamento è un attimo e nessun errore verrà perdonato.

I jet a turbina sono spesso modelli di generose dimensioni. Ma esistono turbine come la Kolibri, che pesa appena due etti e ha un tiro di un chilo e mezzo a 243 mila giri, tanto da essere adatta a modelli piuttosto piccoli, tanto che qualcuno ha persino adattato a degli schiumini (piccoli aeromodelli in polistirolo).

Dal punto di vista delle riproduzioni, la turbina a cherosene ha tutti i vantaggi dalla sua parte: non richiede prese d'aria sovradimensionate rispetto all'aereo vero, e il rumore è assolutamente fedele all'originale. Inoltre, ha quel profumo inconfondibile di cherosene che nessuna altra motorizzazione ha, e rende unico il fascino delle turbine. Il realismo c'è anche laddove i modellisti ne farebbero volentieri a meno: proprio come sugli aerei veri, anche la turbina modellistica ha un certo ritardo di risposta sulla manetta, il che rende (per esempio) le riattaccate manovre da non sottovalutare mai.

VANTAGGI	SVANTAGGI
► Realismo in volo e a terra	► Costo molto alto
► Potenza	► Necessità di volare in zone adatte
► Prestazioni	► Richede molta esperienza
	► Non è sempre facile reperire il carburante adatto

REALISMO   COSTI   COMPLESSITÀ   PRESTAZIONI

CURIOSITÀ
Il primo aereo al mondo a volare con un jet è stato l'Henkel He 178, il 27 agosto 1939 segnando prestazioni mai raggiunte prima da un aereo a elica: velocità stimata attorno ai 700 km/h, che sarà raggiunta in combattimento solo nel 1944.

SCHEDA V - LA VENTOLA INTUBATA EDF
Vantaggi e svantaggi di pistoni, eliche, turbine e tubi d'acciaio

E alla fine veniamo a noi: la ventola elettrica. Una motorizzazione talmente efficace da essere la prima scelta per i modelli di dimensioni microscopiche, piccole, medie e medio grandi; poi la convenienza comincia a sfumare e la scelta tra elettroni e cherosene inizia a diventare interessante e la risposta non scontata.

I jet a ventola elettrica beneficiano degli enormi progressi nel campo delle batterie, e dell'efficienza intrinseca del motore elettrico, inarrivabile per qualsiasi altro propulsore.

Nonostante i progressi, il peso delle batterie è e rimane il vero tallone d'achille di questi modelli. E anche il volume non va sottovalutato: ci sono design classici, come quello del Sabre, del MiG 15 o del nostro Fiat G91, che sembrano fatti apposta per le esigenze delle ventole elettriche. Ma presto ci si accorge che il vero guaio è la dimensione del pacco batterie, che spesso va frazionato in pacchetti 2 o 3 elementi da collegare in serie e disporre attorno al tubo. Un altro piccolo fastidio delle ventole intubate (anche quelle a scoppio, in realtà) è la necessità di garantire aria in quantità alla girante, il che si traduce spesso in prese d'aria fuori scala o in cheater hole, i "buchi nella pancia" che disturbano il senso estetico del modellista più raffinato.

A fronte di questi piccoli contro, i pro sono davvero tanti: la praticità, la semplicità e la flessibilità dell'elettrico rendono questa motorizzazione la più diffusa in tutto il mondo.

VANTAGGI	SVANTAGGI
▶ Costo ragionevole	▶ Servono prese d'aria generose
▶ Ottime prestazioni	▶ Peso delle batterie
▶ Flessibilità	

REALISMO   COSTI   COMPLESSITÀ   PRESTAZIONI

CURIOSITÀ
A oggi aerei fullsize mossi da ventole intubate elettriche non ce ne sono. Ma in futuro? Nella foto, un prototipo del centro ricerche Glenn della Nasa: una ventola elettrica per aerei veri, dove la girante, grazie alla levitazione magnetica, non è in alcun modo in contatto con alberi o cuscinetti.

Parte Seconda

Anatomia della ventola intubata

Voglio capire un tubo

Perché mi dovrei preoccupare delle trecce di Berenice
e perché alle eliche fa bene essere intubate

Anche senza formule matematiche e calcoli complicati si può capire molto di come funziona una ventola intubata. In primo luogo, l'efficienza di un profilo alare è una cosa, quella di un'ala finita un'altra. Questo perché tra le tante resistenze che incontra l'ala nel muoversi attraverso l'aria ce n'è una molto particolare, dovuta al fatto che l'ala da qualche parte deve pur finire. E proprio dove finisce l'ala (o la pala della ventola, che alla fin fine è un'ala, anche se piccolissima) succede una cosa fastidiosa: sotto al profilo c'è più pressione che sopra. Ciò è inevitabile, e questo salto di pressione fa sì che proprio all'estremità dell'ala si abbia un passaggio dell'aria dalla parte inferiore a quella superiore dell'ala, o dell'elica, o della ventola.

Questa circolazione dà vita a un fenomeno deleterio dal nome graziosissimo: le "trecce di Berenice". Si tratta di un vortice che ostacola l'avanzamento dell'ala o, nel nostro caso, della paletta della ventola. Come tutti i vortici, generando resistenza, "mangia" voracemente potenza e portanza al nostro motore e alla nostra elica.

Ecco che entra in scena il "tubo" rappresentato dal condotto, un accorgimento che ha proprio la funzione di annullare il più possibile questi vortici, sigillando e dividendo la parte inferiore del profilo della paletta. Grazie al tubo, l'estremità della paletta sarà schermata dalle pareti del condotto e i vortici saranno minimizzati. Come ogni ala, seppur piccina, la paletta di una girante è soggetta a vari tipi di resistenza. Nel caso delle ventole intubate, ci interessa principalmente la resistenza generata proprio dai vortici di estremità (le trecce di Berenice, appunto), dal momento che possiamo fare qualcosa per limitarli; le altre forme di resistenza, ovvero resistenza di forma e resistenza superficiale, ahimè non possiamo eliminarle, nemmeno con un tubo. Al condotto si deve dunque lo schermo aerodinamico che consente di minimizzare le resistenze di estremità delle palette della girante. Ha anche un'ovvia funzione meccanica, dovendo supportare lo statore che a sua volta fa da banco motore, per cui su di lui si scaricano le forze dovute alle vibrazioni e alla coppia del motore.

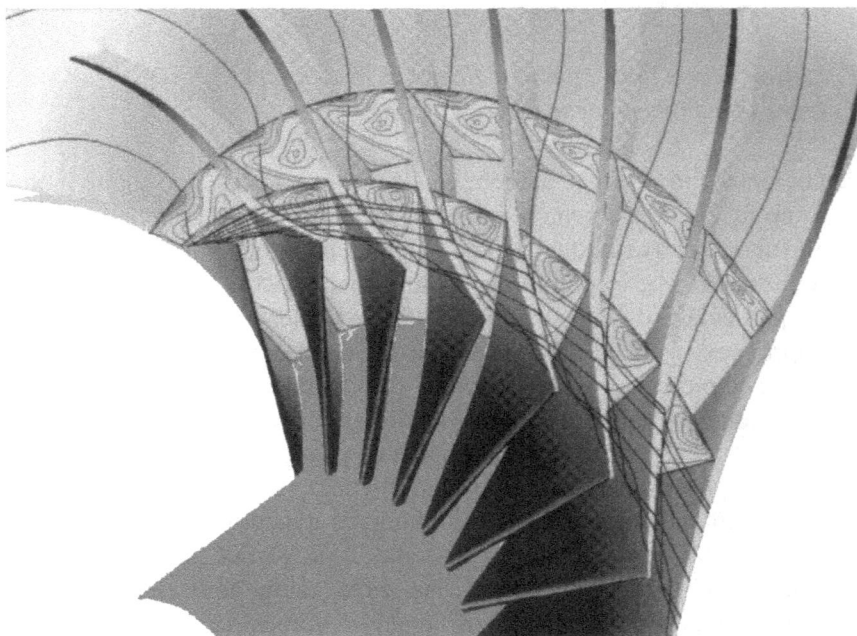

Il fenomeno fisico noto come "le trecce di Berenice."

Musica per le mie orecchie

La paletta della ventola viaggia nel suo moto rotatorio a velocità elevatissima, e fin qui tutti d'accordo. Invece, spesso non si considera che un corpo che si muove in un fluido a elevata velocità sposti il fluido medesimo, generando un'onda d'urto, che colpisce il condotto a ogni passaggio di paletta. Data l'elasticità del condotto, a ogni passaggio l'onda crea una lieve deformazione delle pareti. Il risultato è una lunga serie di onde d'urto ad alta frequenza, cosa che ha un suo effetto meccanico. E sopratutto acustico.

Capita purtroppo che i produttori di ventole considerino unicamente il lato meccanico del nostro tubo, oltre naturalmente all'aspetto economico che gli fa preferire i materiali meno costosi e più facili da lavorare. E l'economicissima plastica va più che bene per sostenere le sollecitazioni del nostro jet. Ecco perché vediamo, anzi udiamo, ventole che strillano come le sirene della polizia. Invece un condotto spesso e solido, magari in alluminio (un metallo ottimo nell'assorbire le onde sonore) aiuterebbe a rendere il suono della nostra ventola più " turbinoso", dato che le vibrazioni avranno una ampiezza minore: un fenomeno, questo, ben conosciuto e sfruttato da chi fabbrica sirene, e purtroppo ignorato da chi invece fa ventole. Nell'ottica di una riduzione del rumore, non sarebbe affatto male se, oltre al tubo, anche la girante fosse metallica: infatti l'onda d'urto ha un suo riflesso anche sulle palette, per cui avere una scarsa elasticità delle stesse aiuterebbe nella realizzazione di Edf più silenziosi.

La sicurezza del metallo

Oggi finalmente sono cadute le vecchie regole che, in nome della sicurezza, si ostinavano a considerare la girante di un jet a ventola alla stregua dell'elica di un aereo. Quindi, per lungo tempo le giranti metalliche erano vietate, come erano e sono tuttora vietate le eliche in metallo, ostacolando lo sviluppo di corpi girante/tubo tutti in metallo. Ora le giranti metalliche stanno cominciando a diffondersi, ma hanno di fronte un lungo cammino di sviluppo.

Tra l'altro, le vecchie regole vietavano il metallo anche a scapito della sicurezza stessa. Perché, se è vero che una girante in metallo non si rompe tanto facilmente contro un dito, è anche vero che nel malaugurato caso, nemmeno quelle di plastica lascerebbero granché della nostra mano. Per cui meglio avere una girante che in volo non perda una paletta a causa di una calabrone, costringendoci a un atterraggio d'emergenza, magari sulla testa di qualche spettatore.

Non voglio pensare poi a cosa possa combinare a una mano una girante in carbonio (questo invece era, ed è ancor oggi, consentito), che oltre ad avere un modulo di rottura persino più elevato di alcuni metalli ha il deplorevole "vizietto" di trasformarsi in un coltello affilatissimo a seguito di un cedimento strutturale. Ma forse è meglio una lama affilata che affetti presto il dito facendoci soffrire meno. Scherzi a parte, la verità è che infilare un dito dentro a una girante accesa fa male sempre, ma per fortuna, la ventola è quasi sempre ben celata nella panza del modello, o mal che vada nelle nacelle di un liner. Per cui stiamo tranquilli, in caso di cedimento al limite sentiremo uno *spatatrac* e la cosa finirà lì: con un motore bruciato, qualche moccolo e tanta voglia di dimenticare il caro estinto davanti a un "bicier de vin" al bar del club. Piuttosto, cerchiamo di non fare test a vanvera a casa: una ventola si prova solo al banco, stando dietro la girante e sempre a distanza di sicurezza.

QUALE MATERIALE PER LA GIRANTE

PLASTICA

ECONOMIA   SUONO   PRESTAZIONI   AFFIDABILITA'

CARBONIO

ECONOMIA   SUONO   PRESTAZIONI   AFFIDABILITA'

METALLO

ECONOMIA   SUONO   PRESTAZIONI   AFFIDABILITA'

SCHEDA IV - SCHEMA DELLA VENTOLA ELETTRICA
Gli organi aerodinamici sono tre: girante, condotto e statore

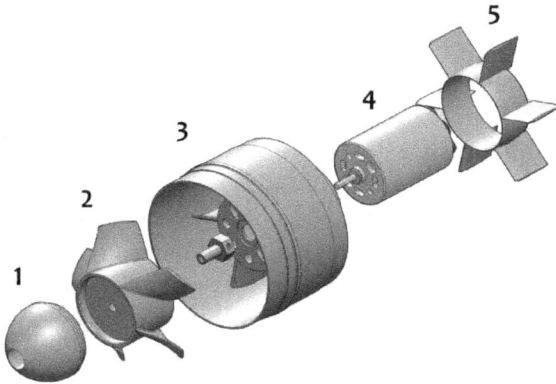

②LA GIRANTE

L'elica che si incarica di trattare l'aria, proiettandola all'indietro con violenza e producendo quindi spinta perlopiù per reazione. È l'organo vitale di qualsiasi ventola.

Può avere diverse forme, diametri e numero di palette. Solitamente, il suo diametro determina la classe di appartenenza, per cui avremo in linea di massima diametri che vanno dai 20 mm fino ai 160 mm delle ventole di grosso calibro (parlare di calibro è azzeccato per un tubo e ci dà un'aria di grandi esperti). Le forme sono derivate da vecchi sistemi a scoppio trasformati alla bisogna. Per dare un'idea di massima a chi proviene dallo scoppio, diremo che una ventola da 50 mm è adatta a spingere modellini che con un'elica e un motore a scoppio motorizzeremmo con un motore a scoppio da 0,8/1 cc, una ventola da 60 mm la monteremmo su modelli per 1,5/2,5 cc, una da 70 mm su un modello da 3,5/ 5 cc , una da 90 mm su uno classe 6,5/8 cc e una da 120 mm su un classe 10/15 cc a due tempi. Si tratta di una forzatura, ma aiuta a spiegarsi.

Le microventole da 20-30 mm sono per modellini da indoor e modellisti esperti dal palato fine. Fino a ieri, mettere a punto ventole così micro richiedeva pazienza ed esperienza, ultimamente, proprio nella classe delle microventole attorno ai 30 mm e anche meno, l'industria sta sfornando sofisticati sistemi giroscopici per micro-jet pronti al volo, molto facili da pilotare anche all'esterno.

③IL CONDOTTO

È un volgare tubo che ha la funzione di "schermare" la girante, le cui palette vanno a lambire con il minor gioco possibile le pareti del tubo stesso (vedi le "trecce di Berenice").

⑤ LO STATORE

Può sembrare un accessorio di scarsa importanza, in realtà ha funzioni vitali: sostiene strutturalmente motore elettrico e girante, inoltre si occupa di raddrizzare il flusso rotante proveniente dalla ventola. Infine, grazie alla portanza determinata dal suo profilo alare, diminuisce la coppia di reazione generata dal motore, fin quasi ad annullarla.

Quanto a ①(l'ogiva) e ④(il motore), hanno naturalmente la loro importanza. Ma del motore parleremo in seguito, mentre l'ogiva, insieme ad altri organi qui non rappresentati, come il labbro e l'ocarina, aiuta a guidare correttamente il flusso dell'aria al motore.

La ventola vista da vicino

*Vediamo ora, organo per organo, come funziona la nostra ventola
intubata. E come fare per ottenere il massimo dal nostro jet*

La girante è l'organo sicuramente più importante di tutto il sistema. È lei
che si incarica di "movimentare" l'aria trasformando i watt erogati dal
motore in forza propulsiva.

Si tratta in buona sostanza di un'elica. E come tutte le eliche ha una
componente di trazione dovuta alla portanza (l'elica è un'ala che gira e
quindi genera portanza) e una componente dovuta a reazione, cioè al fatto
che, spostando indietro l'aria, provoca una reazione uguale e contraria in
avanti.

Quale girante per il mio modello?

Nel nostro caso, la componente dovuta a reazione ha un'importanza di
gran lunga maggiore rispetto a quella dovuta alla portanza, in quanto la
superficie delle palette è poca mentre l'incidenza è alta.

Il progettista nel disegnare la girante può scegliere tra diverse filosofie:
una girante multipala con forte passo per avere un numero di giri relativamente basso, un buon suono "turbine like" e un buon tiro alle velocità di
volo basse e medie. Questa filosofia progettuale è molto adatta a modelli
grandi, non eccessivamente veloci che privilegiano la potenza: un liner,
per esempio, ma anche un caccia anni '50 con un'ala generosa, come il
Sabre o il MiG 15. Oppure può optare per un numero di pale ridotto e un
calettamento a incidenza relativamente bassa, per privilegiare un numero
di giri elevato e ottenere anche una tangibile trazione per portanza.

Quest'ultima strategia è utile in caso di utilizzo su modelli veloci e quando si è in cerca della massima efficienza, trasformando il più possibile i
watt in spinta.

Tante o poche palette?

Nel caso delle multipala, abbiamo la possibilità di estrarre più potenza, a parità di diametro della girante, da un motore elettrico molto potente. Non è un caso che le multipala siano più usate nelle ventole di grande diametro, per cercare di cavar fuori più watt possibili dai motori "monstre" di cui possiamo finalmente disporre.

Naturalmente, sarebbe possibile ottenere questi watt innalzando il numero di giri e utilizzando giranti con poche pale, quindi più efficienti; come per le eliche, infatti, vale il principio che vuole una tripala meno efficiente di una bipala. Ma se volessimo più watt mantenendo invariato il numero di giri, dovremmo giocoforza aumentare il diametro. Il che pone problemi pratici non facili da risolvere; in primo luogo perché occorrerebbero prese d'aria enormi che mal si conciliano con le riproduzioni.

Va ricordato che molte riproduzioni nascono per ventola a scoppio o per turbina, e una ventola troppo grande troverebbe difficilmente una casa. E questa è l'ultima cosa voluta da un produttore, poiché sarebbe difficile vendere un prodotto che ha poche applicazioni pratiche. Probabilmente, in futuro assisteremo al proliferare di giranti con un numero crescente di palette dalle corde sempre più importanti.

Si potrebbe come già detto mantenere un diametro accettabile e aumentare il numero di giri, ma bisogna considerare che su una 120 mm cominciamo ad avere dimensioni di una certa importanza, aumentando molto i giri aumenteremmo gli effetti giroscopici e centrifughi (di cui parleremo in seguito), finché le forze in gioco diventerebbero proibitive. Perciò sulle ventole grandi non resta altra strada che aumentare il numero di palette, sacrificando un poco la velocità di efflusso e l'efficienza in generale. Come dire, di necessità, virtù.

All'opposto, per ventole di diametro ridotto, le forze in gioco sono più abbordabili e avremo maggiore possibilità di scegliere il miglior compromesso tra velocità di rotazione da un lato, diametro, corda e numero delle palette dall'altro.

Così non è difficile pensare che nel prossimo futuro i modelli da velocità migliori saranno sviluppati proprio nella classe dei 90/100 mm di diametro, dove tra l'altro possiamo ancora arrivare a un numero di giri notevolissimo, superiore anche ai 45 mila giri al minuto.

Più palette danno maggior potenza a parità di diametro, meno palette danno minor "tiro" ma assicurano più velocità di efflusso.

Lo statore

Si incarica di raddrizzare il flusso (rotante) proveniente dalla girante. Il suo buon progetto contribuisce all'efficienza del sistema, e di fatto assolve anche all'importante funzione di annullare parte della coppia generata dal motore, col risultato di fare volare il nostro jet dritto come una spada.

I suoi profili sono sottili e concavo-convessi, e il numero degli statori è spesso legato al numero di palette. I modellisti tendono a esagerarne l'im-

Statore e girante in alluminio Mach all alloy di efflux rc. La scarsa deformabilità del metallo consente di minimizzare la luce tra condotto e pale, senza rischio di catastrofici grippaggi.

portanza, ma è vero che oltre alle funzioni aerodinamiche si incarica anche di tenere perfettamente centrato il motore e quindi la girante.

Il condotto

Si tratta di un semplice tubo che fa da supporto allo statore. La sua funzione principale, oltre a quella puramente strutturale, è di schermo aerodinamico della girante: le sue superfici interne vengono lambite dalle palette della girante, che si trovano quindi ad avere una resistenza d'estremità ridotta guadagnando in efficienza (si veda "Le trecce di Berenice"). Perché il tubo possa effettivamente far qualcosa per ridurre i vortici di estremità, è necessario che il gioco tra estremità delle palette e condotto sia il minore possibile, compatibilmente con le deformazioni meccaniche che le pale potrebbero presentare ad alti regimi di rotazione; se la luce tra pala e condotto è troppo risicata, le palette potrebbero grippare con effetti catastrofici.

L'ogiva, il labbro e l'ocarina

L'ogiva ha una funzione di raccordo e carena aerodinamicamente il mozzo dell'elica/girante. Lo stesso vale per quella che ho soprannominato "ocarina", che sostanzialmente è un'ogiva contraria che ha la funzione di guidare l'aria lungo un percorso lineare e pulito: aspetti aerodinamici importanti ma semplici da intuire. Avere un flusso d'aria corretto dentro la ventola è fondamentale per una buona resa. Per ottenerlo, si devono avere meno ostacoli possibili, e soprattutto è indispensabile avere un buon afflusso d'aria dall'esterno per alimentare la girante.

Per dare aria alla ventola ci sono due metodi fondamentali: il condotto d'ingresso, che su una riproduzione si incarica di

La notevole ocarina di una ventola in carbonio Vasa.

far affluire nel modo più corretto possibile l'aria alla nostra girante. Oppure, in mancanza del condotto, può bastare un semplice "labbro", ovvero un cerchio dello spessore di almeno 2,5 mm proprio davanti all'imbocco della ventola.

L'area più importante del disco della girante è quella esterna: qui le palette hanno la maggiore velocità periferica, quindi questa è anche la zona per certi aspetti più "produttiva". Pertanto, è bene che soprattutto in periferia l'aria segua un percorso non costellato da vortici o bolle. Se il tubo della ventola ha un bordo netto, possiamo star certi che vortici e bolle si formeranno, eccome. Per cui il tutto va addolcito con un ingresso alla ventola dell'aria il meno traumatico possibile. Il labbro assolve alla perfezione questa funzione di "addolcitore" dell'aria che entra nella nostra ventola, anzi, è talmente efficace da essere preferibile anche al miglior condotto concepibile, almeno dal punto di vista della resa.

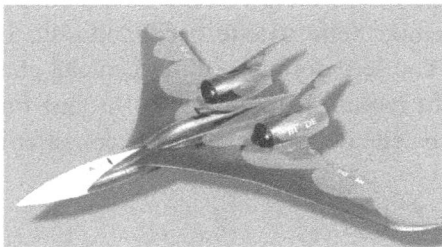

Il velocissimo biventola Blade 2

Parrà strano che un banale cerchietto di plastica possa essere meglio di un condotto ben progettato. Ma bisogna considerare che qualsiasi fluido scorra su una superficie genererà attrito e quindi resistenza, per cui ogni condotto ruberà qualcosa al nostro sistema, mentre un piccolissimo labbro ruberà ben poca cosa. Resta il fatto che i pochi modelli da velocità pura a ventola intubata (per esempio, Blade 2 e Vector) montano un motore in gondola dotata di solo labbro. E anche nei jet di linea fullsize, ormai tutti ottimizzati per il risparmio energetico, assistiamo al montaggio in gondola dei moderni turbofan, che altro non sono che ventole intubate spinte da turbine.

Pertanto, un dubbio dovrebbe venirci: siamo forse noi modellisti, progettisti migliori di quelli della Boeing o dell'Airbus? Temo di no, non fosse altro per i mezzi di cui (non) disponiamo per sperimentare. Il mio consiglio è di osservare la realtà dei nostri

Il labbro guida l'aria nella girante

fratelli maggiori, cercando di intuire le motivazioni tecniche che portano a certe soluzioni, e farne tesoro. Certamente, su un modello dovremo tener conto delle esigenze riproduttive, per cui su un caccia non potremo fare a meno o quasi del condotto, noblesse oblige. In tutti gli altri casi, il labbro deve essere sempre presente: non è raro misurare differenze di resa del 20 o anche del 30% tra una ventola con e una senza labbro. Quindi, se non abbiamo un vero e proprio condotto, il labbro sarà davvero obbligatorio.

Cheater Hole

Spesso leggo di gente inorridita davanti a un modello privo di condotti d'ingresso e dotato di quello che gli americani chiamano "cheater hole" (che potremmo burinamente tradurre "buco nella panza"). Ricordiamo che qualsiasi fluido (aria compresa) costretto a scorrere su una superficie genererà attrito. Quindi, qualsiasi condotto mettiamo davanti o dietro a una girante ruberà spinta, e lo farà nonostante l'accuratezza e la pignoleria che metteremo nella realizzazione dei nostri condotti. Pertanto, se stai cercando le massime prestazioni su un modello di fantasia, pensa seriamente a una ventola esterna col solo labbro di ingresso. Se ti va male, risparmierai il peso del condotto e, ammesso e non concesso che un condotto di ingresso ti faccia guadagnare un po' di spinta, ti invito a considerare che non ha senso aggiungere 150 grammi di peso per guadagnare un etto di spinta: la cosa costa tempo e fatica e il peso aggiunto te lo "ritrovi sulle spalle" in atterraggio.

I buchi nella panza saranno anche brutti, ma ti risparmiano la fatica e le inevitabili resistenze dei condotti di ingresso. E non faranno mancare aria fresca in quantità alla girante. Il condotto va previsto su una riproduzione che si rispet-

I buchi sulla pancia non saranno bellissimi, ma sono molto efficienti per dare aria alla girante. E fanno risparmiare il peso e le complicazioni dei condotti.

ti: vedere un bel jet in scala sforacchiato alla grande non è bello, perciò, obtorto collo, dovrai realizzare i condotti: in questo caso il male diventa necessario. In tutti gli altri casi, prima di decidere, tieni sempre presente che quel che non c'è non pesa, non nuoce e non si rompe.

Il condotto di ingresso

Abbiamo detto che il sistema meno deleterio per alimentare di aria una ventola è il labbro, eventualmente aiutato dal discusso cheater hole.

Tuttavia, a volte un condotto si rende necessario per motivi estetici o di scala. Vediamo quindi come danneggiare il meno possibile le prestazioni quando il condotto è inevitabile o consigliabile. Da più parti leggo di regole che suggeriscono aree e dimensioni per ottimizzare le prestazioni. La verità è che questi parametri hanno un significato tangibile solo quando la velocità del modello si avvicina molto alla velocità che ha il flusso in uscita dalla ventola al massimo regime di giri quindi, in affondata più o meno dai 150/200 km/h per i modelli più piccoli fino ai 300 km/h e oltre dei modelli più grandi. Questo perché nelle configurazioni di volo che non siano l'affondata, avremo sempre un flusso molto più veloce della velocità di volo del velivolo. Se così non fosse, la ventola non spingerebbe il modello, in quanto verrebbe a mancare il principio di reazione.

Ecco perché molto difficilmente una presa d'aria, anche generosamente dimensionata, rappresenterà un vero ostacolo aerodinamico. Per non sbagliare, basta che il condotto abbia la stessa area di quella spazzata dalla girante. O anche meno: se costretti da motivi di scala a tenere le prese d'aria più piccole possibile, possiamo farle uguali all'area dell'ugello di scarico. Tutt'al più, la presa d'aria comincerà a frenare lievemente il modello, ma solo a velocità molto alte e prossime a quella di efflusso, e a questo punto mi chiedo che differenza facciano dieci chilometri orari in meno quando abbiamo in aria un missile da centinaia di km/h.

☺   *L'area totale delle prese d'aria dovrebbe essere uguale a quella delle girante, o almeno a quella dell'ugello di scarico. Meglio la prima ipotesi, dato che l'aria non sarà costretta a variare molto la sua velocità.*

La mia sarà anche una crociata, ma non so se ha davvero senso cercare il limite a ogni costo. Quanti piloti saranno davvero in grado di domare certe bestie? Meglio avere la massima efficienza durante il decollo e in salita dico io, ma vabbé, de gustibus, per cui regolati come meglio credi e tieni presente nelle tue realizzazioni (o nel valutare i modelli pronti al volo) le aree che ti ho indicato.

Finitura a specchio? Manco per sogno!

Le superfici interne di tutti i condotti (compreso quello d'ingresso) e del corpo ventola non dovrebbero mai essere lucidate a specchio. Una finitura ruvida darà ai filetti fluidi un andamento turbolento che eviterà il distacco delle "bolle di separazione", un fenomeno aerodinamico che si forma sulla superficie di contatto dove scorre l'aria e determina di fatto una riduzione del diametro del condotto, oltre a generare una resistenza aerodinamica paragonabile a quella di un ostacolo fisico. Pertanto, in questo caso l'andamento turbolento dello strato limite sulle pareti dei condotti è il male minore rispetto a uno strato limite laminare, sicuramente più scorrevole ma interrotto qua e là da veri e propri freni aerodinamici.

Quindi, se avrai realizzato un ugello di scarico col mylar o usando la plastica trasparente per rilegature, è bene carteggiarlo internamente con cartavetro a grana sottile, facendo così in modo che sia satinato e non lucido.

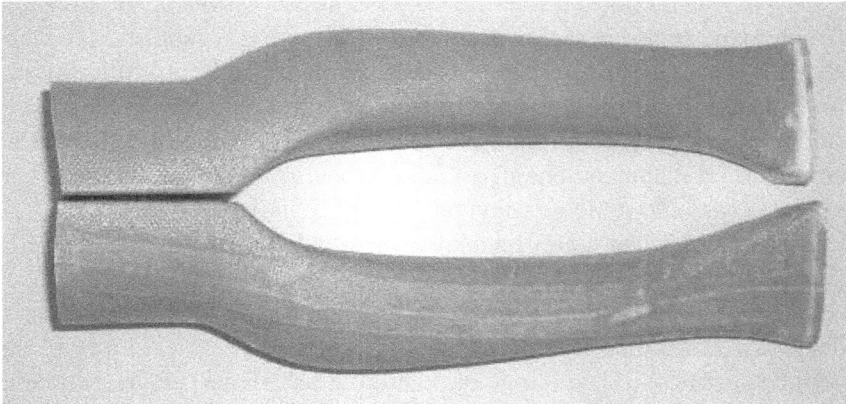

Condotti di ingresso in vetroresina. La superficie interna non dovrebbe mai essere lucidata a specchio.

Una questione di potenza

Argomento scottante.
Anzi, se si sbaglia qualcosa, diventa rovente

Come ottimizzare la potenza del nostro jet? Avviciniamoci al problema con razionalità e semplicità: equazioni e formule lasciamole a chi le sa leggere (e soprattutto scrivere). Questo libro non è stato scritto da uno scienziato per degli specialisti, ma è stato redatto da un praticone per dei praticanti. Vediamo quindi in soldoni come dare pepe al carattere del nostro modello, cominciando dal mattone fondamentale: il motore brushless, che ormai è la sola tipologia di motore elettrico da utilizzare su un aeromodello, e a maggior ragione su una ventola.

Il motore brushless

È un motore a magneti permanenti. Diversamente dai motori a spazzole, non ha bisogno di contatti elettrici striscianti sull'albero motore per funzionare. Da questo deriva il nome inglese "brushless", ovvero "brush" (spazzole) e "less" (senza), che quindi significa semplicemente "senza spazzole".

Le spazzole provocano scintille, e il brushless non avendo spazzole non fa nemmeno scintille. Il che è buona cosa, in quanto si riducono i disturbi radio di natura elettrica e non si spreca corrente con lo scintillio. Inoltre senza spazzole non ci sono contatti striscianti e per giunta abbiamo meno resistenza elettrica e meccanica rispetto al vecchio motore in corrente continua. La manutenzione di un motore ben gestito riguarda esclusivamente i cuscinetti, unico e solo materiale di consumo.

Insomma, una vera e propria manna scesa dal cielo per un aeromodellista che vuole il massimo della potenza e della praticità.

La commutazione delle fasi di corrente circolante negli avvolgimenti del brushless non avviene per via meccanica ma elettronica. Le fasi sono dunque gestite dall' Esc ("regolatore di giri" in italiano) che riconosce in ogni istante la posizione del rotore e al momento opportuno (regolabile) determina la fase di attrazione del singolo polo, facendo così girare il motore. Va da sé che il regolatore è un componente vitale che dal punto di vista logico e funzionale fa parte del motore, e la sua ottimizzazione in funzione delle caratteristiche del motore è di primaria importanza.

Per essere adatto all'uso con le ventole, il motore deve poter fare un alto numero di giri al minuto, e fin qui siamo d'accordo. Quel che vedo meno radicato nell'immaginario del modellista medio è il fatto che un alto numero di giri significa forti resistenze aerodinamiche. Per cui, se vogliamo raggiungere regimi molto elevati, dovremo disporre sì di potenza, ma anche di una discreta coppia che possa farceli raggiungere.

Pertanto abbiamo una richiesta difficile da fare a un fabbricante: vogliamo non solo coppia ma anche giri, e non solo giri ma anche coppia, la classica quadratura del cerchio. La domanda che ti starai ponendo è "ma esiste un motore del genere?" La risposta è sì, anche se come sempre al prezzo di qualche compromesso. In passato nelle ventole intubate prevalevano i brushless di tipo inrunner (rotore interno) a due soli poli, che significava poca coppia e altissimi giri per volt. Ma di recente i produttori di motori hanno preso coscienza dei problemi che affliggono i malati di jet, per cui il numero dei poli del motore è salito con la conseguenza di una maggior coppia a scapito della velocità di rotazione. Non entro nel dettaglio tecnico-motoristico che fa salire la coppia nei motori multipolo, diamolo per assodato.

Addirittura, l'ultima novità sono i motori outrunner per ventola, derivati dagli outrunner per elicotteri, altra branca del modellismo che accomuna la richiesta di coppia e velocità di rotazione.

☺ *Qualcuno afferma che i vecchi inrunner a due poli hanno un migliore allungo. Ma è solo una falsa impressione, data dal fatto che gli inrunner non riescono a fare gli stessi giri a parità di watt raggiunti dai sei poli o dagli outrunner moderni.*

Per cui alle massime velocità di rotazione succede che un vecchio due poli riesce, aiutato dal flusso veloce proveniente dalla presa d'aria, a raggiungere un regime di giri che i suoi più recenti ed efficienti fratelli multipolari hanno già raggiunto da un pezzo. E questa non è una buona cosa, molto meglio se il mio motore mi dà tutto e subito, che me lo godo di più in decollo e in salita. E magari si scalda anche di meno. Per un motore da ventola i cuscinetti sono vitali. Si tratta di un componente stressatissimo:

per quanto si cerchi di bilanciare bene una girante, qualche vibrazione resterà sempre. Valutiamoli attentamente perché da loro dipenderà la durata nel tempo di quello che può essere un investimento importante, specie su sistemi di fascia alta, dove le forze in gioco impongono standard qualitativi elevati per questo importantissimo componente del nostro motore.

Ma ecco la bella notizia: un motore per ventola non può mentire. Lo sfruttiamo a fondo in ogni attimo della sua vita dato che, contrariamente ai modelli a elica, quando il modello è in volo il consumo non scende: se assorbe per esempio cento ampere a terra, continuerà ad assorbirne cento (o poco meno) anche in volo. Se il motore regge, vuol dire che non è poi così male, mentre se la qualità è scarsa il nostro motore cederà presto, probabilmente già sul banco prova. E se un motore si deve fondere, meglio che lo faccia a terra che non in volo.

Basta fare due conti per vedere che con i motori da ventola non si possono raccontare frottole: se un motore da un chilowatt e 220 g di peso ha (per esempio) un'efficienza del 70%, dissiperà in calore ben 300 watt. Quindi fonderà presto. Nessun fabbricante potrà metterlo in commercio contando sul fatto che "tanto poi in volo il consumo cala". Se lo dovesse succedere, i suoi motori cederanno. E il tamtam tra i modellisti farà il resto.

Un motore brushless outrunner specifico per ventole. Da notare la forma bombata tipica dell'ocarina.

Il regolatore (Esc)

La potenza è nulla senza controllo, diceva una vecchia pubblicità. E anche la potenza del nostro motore è nulla senza un Esc (*Electronic speed controller*, variatore elettronico di velocità) che lo piloti. Per prima cosa, l'Esc deve essere adeguatamente dimensionato e i suoi parametri devono essere tarati in base al tipo di applicazione.

È bene eccedere sempre negli ampere massimi che può gestire: un regolatore da 40 ampere può pilotare un motore da 10 ampere, mentre un regolatore da10 ampere farà girare un motore da 40 per un tempo infinitamente breve prima di fondere, per la serie *a me monsieur de la palisse...*

Sui jet il regolatore ha meno respiro rispetto al volo a elica, per cui è bene innalzare ancor più la soglia prudenziale di sovradimensionamento portandola ad almeno un 15% oltre il valore di consumo massimo previsto.

Sarà inoltre bene collocarlo in un luogo ben arieggiato, se non proprio immerso nel flusso della ventola (che è anche meglio), davanti o dietro non cambia poi molto; possiamo regolarci anche in base al centraggio e allo spazio che abbiamo a disposizione.

Nelle istruzioni allegate ai vari regolatori è possibile trovare normalmente anche i valori di settaggio adatti ai diversi motori.

☺ *Il valore più critico è l'anticipo (ovvero il momento in cui un magnete inizia ad attrarre il suo parente stretto) e i valori normalmente utilizzati sono standard, codificati generalmente con "low" (poco anticipo), adatto a motori due poli, medium (anticipo medio), indicato per i sei poli ed high (anticipo alto), utilizzato con gli outrunner pluripolari tipicamente abbinati alle eliche e non alle ventole.*

Attenzione, alcuni outrunner per elicottero (utilizzati anche nelle ventole), e a maggior ragione gli outrunner specifici per ventola, hanno "soltanto" sei poli. Questo perché di norma un regolatore non gestisce più di 35 mila giri se abbinato a motori multipolari, e per aggirare la limitazione si installa un numero di poli minore. Il limite di giri per i sei poli si attesta normalmente a 70 mila, più che sufficiente anche per il nostro utilizzo.

Per ciò che riguarda i settaggi, abbiamo una vita abbastanza semplice. Normalmente un valore di timing basso, o al limite medio nel caso dei sei poli, è tutto quel che ci occorre. Il freno, che ricordiamo blocca l'elica quando il motore è spento, è molto utile per i motoalianti ma sulle ventole è bene toglierlo per non esporre la girante a inutili sollecitazioni. In ogni caso, ben poca influenza sul volo. Anche perché è raro dover togliere completamente gas su una ventola.

Se è disponibile il settaggio della prontezza di risposta al gas, è bene impostarlo su " soft" o anche "super soft": non avendo la necessità di una repentina risposta del gas, è bene evitare alle batterie le sberle di assorbimento in avvio.

Inutile dire che le funzioni governor sono riservate agli elicotteri e quindi non ci interessano.

SETTAGGIO TIPO	
PARAMETRO	VALORE
Anticipo (Timing)	Normalmente **LOW** Solo in alcuni motori a sei poli, tipicamenete outrunner, impostare **MEDIUM**
Freno (Brake)	OFF
Risposta acceleratore (Gas response)	Se disponibile, settare su **SOFT** o **SUPER SOFT**
Governor	Non usato sulle ventole

Armonizzare la potenza

Il motore è il cuore della ventola. È il componente più amato dal modellista, quello di cui più si parla nei forum. Come se poi si dovesse a lui soltanto la propulsione. Ma tant'è, la potenza ha sempre un suo sex appeal. La scelta del motore è quasi un'arte: deve sempre rappresentare il compromesso migliore tra peso, efficienza, numero di giri, coppia e potenza. E deve armonizzarsi perfettamente con tutto il resto: ventola, condotti, aerodinamica generale del modello.

Avremo a che fare con valori come il kv, ovvero i giri che fa il motore senza carico (e cioè senza ventola) per ogni volt applicato, i watt massimi continui e massimi ammissibili per 10 secondi, il peso e l'efficienza (che

SPINTA E POTENZA PER CLASSE DI VENTOLA

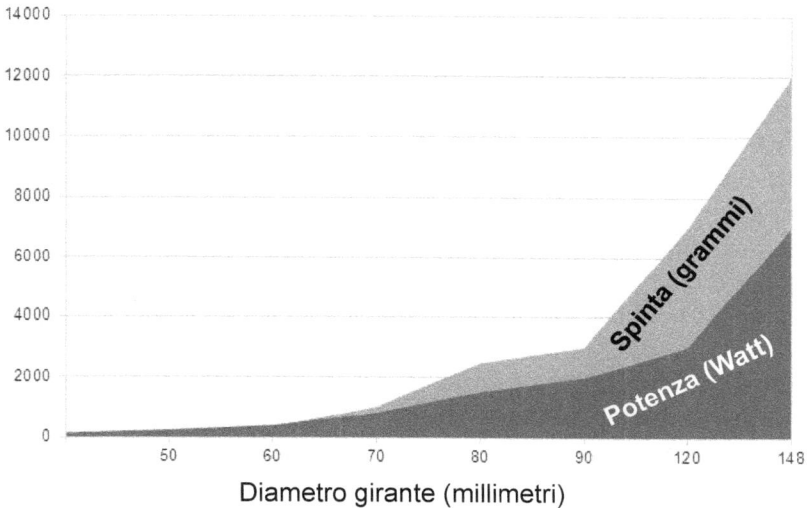

Diametro girante (millimetri)

non tutti i produttori dichiarano) nonché la capacità di raffreddare e di generare coppia. Tutte cose da tenere ben presenti e da valutare nell'insieme dell'intero sistema propulsivo, che comprende ventola, batterie, Esc e ovviamente motore. E ancora non basta: se c'è una cosa innovativa, che cercherò di affermare con questo mio scritto, è proprio l'arte dell'armonizzazione, la capacità di valutare un sistema propulsivo non a sé stante ma all'interno del suo habitat, il modello. Perché un aereo non è mai un buon motore che vola e un motore che vola non è mai un buon modello, si tratta sempre di cercare i giusti compromessi, e questi passano sempre per la scelta del motore.

I dati dichiarati dal produttore sono valori medi e hanno il solo scopo di illustrare un quadro di massima, molto dipende poi dalle caratteristiche peculiari della singola ventola. Scostamenti anche di un 20% nei valori indicati porteranno solo lievi cali o incrementi nell'efficienza complessiva dell'intero sistema, cosa che va sempre valutata in funzione delle caratteristiche aerodinamiche del modello, del suo peso eccetera.

Davanti o di dietro?

Ecco un argomento che appassiona i modellisti più scafati: ventola trattiva o spingente? In altre parole, il motore lo devo mettere davanti o dietro la girante? In effetti, la stragrande maggioranza delle ventole è trattiva, con la girante davanti al motore. Ma non fa poi molta differenza.

Il motore elettrico è cilindrico e situato nella zona di minore impatto per il flusso. Più che altro è il diametro che fa male, nel senso che ingombra il flusso e ruba spinta. Nelle ventole trattive (col motore situato dietro la girante) il motore è immerso nel flusso accelerato dalla girante, per cui sotto un certo aspetto diventa un ostacolo all'espulsione dell'aria e riduce di fatto la sezione utile della ventola. Per contro, l'aria ad alta velocità raffredderà bene il motore, sempre che sia esposto anche solo parzialmente al flusso e non completamente carenato. Nelle ventole propulsive invece il motore è davanti alla girante, avremo meno disturbo aerodinamico ma anche un raffreddamento leggermente peggiore. Nella ventola trattiva avremo anche uno spostamento indietro della massa del motore, nella propulsiva invece avremo il motore montato più avanti: teniamo presente queste caratteristiche perché ci possono far comodo al momento del centraggio del modello. Anche alloggiare il regolatore risulterà più semplice nelle ventole propulsive (motore davanti) grazie alla completa disponibilità dei tre cavi che escono dal motore, caratteristica che consente anche l'uso di cavi più corti e leggeri. Le differenze sono tutto sommato trascurabili, entrambi i sistemi hanno

Una ventola Velocity, raro esempio di girante propulsiva.

un impatto inevitabile e grosso modo equivalente sulla resa. E se, in linea teorica, si può pensare che il design col motore anteriore possa portare a qualche vantaggio sulla resa, sul campo si è visto che queste differenze sono minime. Nulla su cui riflettere più di tanto, usate la ventola che meglio si sposa col vostro modello.

Mono o plurimotore?

Voglio un bimotore.
Ci metto una sola ventola da 70 o due da 60?

L'efficienza di una ventola scende al crescere dei giri. Per cui è facile intuire che, a parità di watt utilizzati, un modello plurimotore è più efficiente in termini di spinta statica di uno che utilizzi la stessa potenza applicata però a una sola ventola. E questo perché suddividendo la potenza avremo meno giri.

Il discorso vale solo fino a un certo punto, ma facciamo un esempio pratico basato sull'esperienza diretta: se applico 500 watt a una ventola da 70 mm, otterrò tipicamente 850 g di spinta statica.

La stessa potenza applicata a due ventole classe 60 mi farà superare il chilo. Per cui la matematica conferma l'esperienza: il 15% di differenza in resa in questo settore è davvero un'enormità.

La velocità di flusso è invece decisamente a favore del monomotore, che appare la soluzione migliore se vogliamo far viaggiare veloce il modello. Invece, nonostante il fatto che ci vogliono due motori, due ventole, due regolatori, pesi (e soprattutto costi) sono a favore del bimotore.

	MONOMOTORE 70 mm (*)	BIMOTORE 2X60mm (**)
SPINTA	850 g	1.000 g
PESO motorizzazione	525 g	455 g
VELOCITÀ' di flusso	190 km/h	170 km/h
POTENZA	500 watt	600 watt
AUTONOMIA di volo	6'00"	4'30"
COSTO motorizzazione	190 euro	135 euro

(*) **Monomotore**: *motore 55A, 3100 kv; ventola Eflite 69 mm; regolatore 70A; Lipo 4S 3000 mAh.*
(**) **Bimotore**: *2x motori 24A, 5600 kv; 2x ventola Alfa 60 mm; 2x regolatore 30A; 2x Lipo 3s 1800 mAh.*

I costi sono stimati sulla base dei prezzi medi Internet in Italia a fine 2011.

La ventola conviene rispetto all'elica?

No, se guardiamo l'efficienza usare una ventola non conviene mai. Molto meglio un'elica, diciamolo a chiare lettere. Chi usa una ventola lo fa perché vuole un jet vero, senza oscene eliche nel naso (o sul sedere). Vuole un volo da jet, con nessun flusso sulle superfici di coda alle basse velocità sparato dall'elica, e poco o nullo effetto coppia.

Sembrano cose da poco, ma non lo sono. Almeno, non lo sono per chi vuole sensazioni da jet. Se si cerca solo la velocità cambiamo strada, un pylon a elica, a voler esagerare un pulsogetto, resta il modo migliore per filare a tutto gas.

Piuttosto, la ventola è il modo più economico e pratico per fare un jet che sia un jet. L'aerodinamica ha le sue leggi, e nulla si può contro il diametro e l'efficienza di un'elica. Nemmeno il miglior tubo del mondo sostituirà mai il diametro di una vera, grande elica.

Spinta statica e dinamica

La spinta è uno dei parametri più importanti di una ventola. Ma c'è spinta e spinta; in particolare, possiamo distinguere tra spinta statica e spinta dinamica. Per spinta statica intendiamo quella misurabile al banco col modello fermo, mentre con quella dinamica intendiamo la spinta misurabile (o meglio, non misurabile per ovvi motivi) in volo.

La distinzione è importante, perché in una ventola la spinta è determinata dalla massa di aria spostata dalla girante ed eventualmente (se la girante ha delle palette con un passo e una conformazione adatta) dalla portanza generata dai profili alari delle palette stesse.

☹*Una ventola accelera una massa d'aria più grande a velocità minore rispetto a quella di una turbina, che accelera una massa d'aria minore a una velocità maggiore. Ne consegue che all'aumentare della velocità, la spinta residua di una ventola decresce maggiormente rispetto a quella residua di una turbina.*

Di questo dobbiamo tener conto quando cerchiamo prestazioni "da jet". Per ottimizzare la spinta alle alte velocità non resta che aumentare la velocità di efflusso, cosa che possiamo ottenere in due modi: aumentando il numero di giri della girante e/o restringendo il cono di scarico. In entrambi i casi, andremo incontro a un aumento di consumo.

Per mantenere invece una buona spinta statica, solitamente si lascia molto aperto il cono di scarico. In questo caso il consumo si manterrà relativamente basso e l'efficienza del sistema sarà alta, almeno finché ci manteniamo in un ambito di volo che non preveda velocità eccessive, cosa che cerchiamo di ottenere (per esempio) sui liner, sui caccia anni '50 o sui modelli trainer. In buona sostanza, si tratta di pensare alla ventola allo stesso modo in cui pensiamo al passo dell'elica, dove sappiamo che ci vogliono eliche piccole con molto passo su modelli veloci (che nel nostro caso avranno un condotto stretto), mentre useremo eliche grandi con poco passo sui modelli lenti (nel nostro caso, condotto ampio).

Un eventuale aumento di giri è sempre ben accetto, ma "costa" watt e non sempre conviene pagarli in peso; più watt significano batterie più grandi, e questo il ventolaro non deve dimenticarlo mai.

DIAMETRO CONDOTTO	
Velocità	**Spinta**
Condotto stretto Equivale a un'elica di piccolo diametro e grande passo	**Condotto largo** Equivale a un'elica di piccolo passo e grande diametro

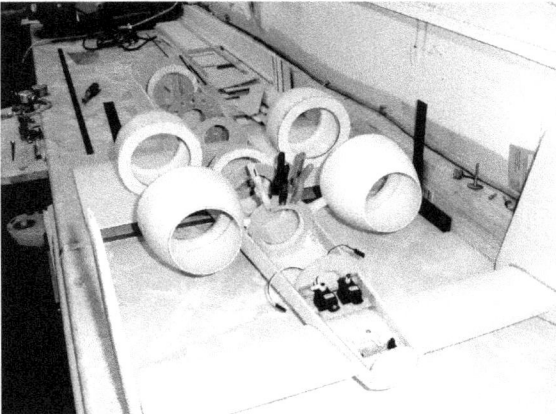

Le ventole di un A-10 Warthog; è richiesta più spinta statica che dinamica, quindi i condotti sono decisamente aperti.

PARTE TERZA

VALUTARE UN MODELLO

Giudicare un jet

È difficile come costruirlo. Perché non puoi valutare un jet
se non hai idea di come si fa a farlo

Ormai il modellista che progetta, o per lo meno costruisce da sé il suo modello, è una mosca bianca. Il più delle volte, troviamo un modello che ci piace sul web o (meglio) presso il nostro negoziante di fiducia. Come facciamo a sapere se quello è davvero il modello che fa per noi? Vediamo, quindi, come scegliere un modello nell'era del pronto al volo: non mi stupirei se questo libro finisse in mano a chi non ha mai conosciuto un taglia balsa.

Per prima cosa, quando scegli tieni presente tutte le tue esigenze e tutto ciò che da un modello ti aspetti. Se per esempio cerchi un trainer, guarda il profilo, l'apertura alare, la freccia, e la collocazione dell'ala (alta/bassa). Se il profilo è spesso, il modello sarà più lento e meno pronto allo stallo; un'ala alta sarà più stabile di un'ala bassa, così come una freccia accentuata sarà più stabile di un modello con l'ala dritta.

Quindi, passa alla valutazione strutturale: un modello in polistirolo sarà molto probabilmente più facile di uno in fibra, poiché sarà meno caricato e avrà verosimilmente profili più spessi; però è anche meno veloce, a meno di non imbottirlo di watt. I modelli piccoli sono veloci ma anche "nervosi", perciò sarà più difficile valutarne l'assetto in volo.

Anche il colore conta: i caccia con le livree militari sono realistici, e i colori mimetici sono utilissimi a nascondersi dai nemici, ma non aiutano neppure a farsi vedere dal pilota, se invece di essere nel cockpit è a terra con una radio in mano. Solo dopo aver soppesato queste variabili, prendi in considerazione i tuoi gusti personali.

Profilo alare

Come abbiamo accennato, un profilo sottile farà viaggiare forte il modello, ma lo renderà più nervoso in volo lento: lo stallo avverrà a velocità forse più bassa rispetto a un profilo spesso, ma sarà violento e poco prevedibile. Per contro, un profilo "cicciotto" offrirà più resistenza all'avanzamento, paradossalmente ci darà anche meno portanza, ma sarà più "dolce" in volo e soprattutto regalerà al modello uno stallo più "morbido" e prevedibile.

Geometria dell'ala

Una buona apertura alare, se accompagnata da corde rilevanti, è indice di un sano comportamento in volo. Renderà il modello ben visibile in tutti gli assetti e ne esalterà le doti di planata. Un'ala alta, cioè al di sopra della mezzeria della fusoliera, ti permetterà di afferrare bene il modello durante i lanci a mano (sempre che il modello si presti a essere lanciato a mano, non basta che l'ala sia in alto. Inoltre, essendo posizionata al di sopra del baricentro ti offrirà un comportamento più stabile di un ala bassa.

Occhio ai materiali

Materiali che a prima vista paiono affini tra loro possono essere invece molto diversi; polistirolo ed epo all'apparenza sono quasi fratelli. Invece, sono solo lontani cugini, più gradevole a vedersi il polistirolo con i suoi "pallini" sottili, più robusto, elastico e duraturo l'epo che ha dei "pallini" più grandi.

Anche tra fibra e balsa c'è una bella differenza: una struttura in balsa sarà più leggera ma facilmente riparabile da mani esperte. Atrettanta esperienza nella riparazione verrà richiesta dai compositi, ma con maggiore robustezza generale, quindi potenzialmente minori possibilità di danneggiare il modello rispetto al balsa.

Persino la fibra non è tutta uguale: più pesante, fragile e vetrosa la fibra impregnata con resina poliestere (molto usata dai costruttori asiatici) e più elastica e leggera quella laminata in epossidica.

☺ *Potrai riconoscere la resina di bassa qualità dall'odore acre del poliestere e dall'elasticità del manufatto. La resina più nobile, ma più costosa, è l'epossidica. Che è anche più stabile nel tempo.*

Ricorda: valuta per prima cosa profilo alare, materiale e layout del modello, e poi ma solo in seconda battuta ci sarà spazio per i gusti personali. Perlomeno per i primi modelli ti consiglio di acquistare con razionalità evitando di dar retta all'emotività: il bel caccia che sogni arriverà, adesso ci interessa rompere il ghiaccio.

Componenti sotto stress

Far volare un jet elettrico può apparire semplice, e in parte lo è. Ma tieni presente che tutti i componenti del sistema propulsivo ed elettronico in generale sono sfruttati molto di più che su un modello a elica.

L'inefficienza generale di una ventola costringe a sfruttare batterie, motori, regolatori e girante al massimo, per cui per non incorrere in cocenti (e in qualche caso fiammeggianti) delusioni, consiglio vivamente di utilizzare inizialmente modelli e componenti di marche serie e conosciute, che siano ben collaudati e testati nel tempo, e dei quali si conosca l'affidabilità. Non cercare di risparmiare qualche soldo qua e là. Perché se stai muovendo i primi passi con ventole e affini, probabilmente non hai ancora l'occhio sufficientemente allenato per riconoscere la qualità vera. Risparmiare è un'arte. Spesso un motore appare ben rifinito e lucente, ma quel che conta non è l'estetica, oltretutto lo nasconderai nella pancia al modello, bensì la qualità dei magneti (ottimo il neodimio), la bontà degli avvolgimenti e dei cuscinetti. Molto meglio spendere qualcosa in più e avere una ragionevole certezza nella riuscita di tutto il sistema piuttosto che risparmiare scriteriatamente e avere un modello che dura poco.

☹ A volte chi risparmia spreca. Nelle ventole tutto è estremizzato, persino il significato di questo vecchio detto popolare.

Quindi, usa sempre il buon senso nella scelta dei componenti. Se hai dubbi informati, oggi fortunatamente i mezzi per farlo non mancano.

A tutto c'è un limite però, anche spendere una fortuna in un super modello è poco saggio durante primi approcci.

Cosa c'è nella scatola?

*Un modello questo è ovvio. Ma calma, con i jet c'è il rischio
di farsi prendere dalla frenesia*

Alzi la mano chi riesce a restare freddo davanti a un bel caccia o un aereo di
linea esteticamente ben riprodotto. Un ARF (Almost Ready to Fly, modello
quasi pronto al volo) è sempre ben confezionato, è un prodotto nato per
essere venduto. Ma dentro cosa c'è? Il modellista esperto i jet li ha sognati
per anni, quello novello ha sempre ammirato le evoluzioni delle pattuglie
acrobatiche durante le manifestazioni, è logico quindi che un jet ci dia
comunque sensazioni forti, quando apriamo la scatola. Eppure, dobbiamo
restare freddi e valutarne il contenuto con distacco e occhio critico. In primo
luogo dobbiamo capire cosa stiamo pagando e per cosa. In commercio ci
sono molti tipi di kit, le tipologie vanno dal fascio di legnetti avvolti in
un disegno fino al modello pronto al volo, completo persino di ricevente.
Date le molte variabili, è difficile riconoscere la qualità, ma per lo meno si
possono e si debbono evitare errori grossolani.

Del fascio di legnetti avvolto neppure ne parlo: chi prende in considerazione questo tipo di costruzione non ha certo bisogno del mio consiglio,
la costruzione varierà un pochino dal solito ma un modellista coi fiocchi
non si mette certo paura davanti a qualche novità. Anzi, se ha comprato un
jet probabilmente la novità è proprio quel che cerca, dopo anni e anni di
modelli con l'elica sul naso. Tutti gli altri sono modellisti che hanno ormai
poco tempo o spazio, oppure sono nati direttamente in questa era, fatta
di modelli che, già belli e pronti, paradossalmente costano molto meno di
quelli da fare. Nessuno regala niente, ma per fortuna la scatola non mente
e un esaminatore attento sa che per valutare il modello che contiene basta
tirarlo fuori, esaminare i materiali e l'accuratezza di progettazione e costruzione.

Una palpatina e un'annusatina

Di cosa è fatto il mio modello? Un modello in fibra di qualità, generalmente,
è laminato in resina epossidica. La fusoliera si presenta un po' più elastica
e leggera rispetto alle altre resine, e questo significa capacità di assorbire

elasticamente piccoli urti e un basso peso del modello finito. Come si fa a distinguere l'epossidica dalla poliuretanica? Semplice, la poliuretanica puzza di "chimico". Se la fusoliera ha un odore chimico marcato, sarà poliuretanica. Purtroppo l'epossidica ha i suoi limiti di lavorabilità, la poliestere per esempio è meno sensibile all'umidità e costa meno, mentre l'epossidica va laminata con una temperatura ambientale discretamente alta ed è bene che ci sia poca umidità, pena un manufatto molliccio e inconsistente: non sorprende che dalle cantine asiatiche, dove le condizioni di vita e di lavoro sono ben lontane dagli standard europei, si preferisca usare la meno schizzinosa e più economica resina poliestere. Ecco perché spesso un modello cinese economico non è fatto in resina epossidica; non è solo un fatto di costo dei materiali, la differenza in questo caso sarebbe modesta e il modellista pagherebbe volentieri un po' di più: è una questione di ambiente di lavoro, l'epossidica ha bisogno di locali asciutti e alla temperatura giusta, la poliuretanica la si lavora in qualunque capannone umido, mal riscaldato e malsano. Anche i modelli in legno non sono tutti uguali. Una cosa da verificare è che il balsa non abbia lo stesso colore dappertutto: se il balsa non viene tutto dalla stessa tavola è buon segno, indice di accuratezza: un buon modellista lo sceglie a seconda della funzione che deve svolgere, leggero per alcuni particolari e più pesante e robusto per altri.

Un compensato in pioppo (chiaro) o ancor meglio in betulla (più scuro) è indice di buona qualità. Un po' meno il compensataccio rossiccio tipico di certi modelli asiatici, spesso nobilitato da una lavorazione che lo fa assomigliare a un merletto delicato, ma che ha più che altro la funzione di rendere più leggero un legno altrimenti inadatto.

Non sto a dire dove e come vada impiegato il legname, il discorso sarebbe troppo lungo in questa sede: di certo se è tutto uguale vuol dire che il costruttore s'è fatto pochi scrupoli, ha affettato il suo stock di legno e l'ha messo nel modello dove capita, magari lavorandolo con una macchina a controllo numerico tanto per far credere che sia un buon lavoro, mentre a casa mia è solo fumo negli occhi.

Schiume ed espansi sono l'ultima moda, si possono trovare a prezzi vantaggiosi, quindi non c'è da stupirsi che abbiano successo.

A parte il lato estetico "spugnoso" che può esser tollerato da alcuni e detestato da altri, le schiume moderne sono abbastanza robuste e tutto sommato riparabili. Come per tutti i materiali di costruzione possono avere vari livelli di accuratezza nella realizzazione. Nei modelli in espanso bisogna valutare atentamente il materiale: il polistirolo sarà più conveniente da utilizzare nei modelli da verniciare o fibrare (pallini bianchi piccoli e facilmente carteggiabili), mentre l'epo (pallini più grandi e gommosi, di difficile finitura) è l'ideale per chi vuole aprire la scatola, incollare (con qualche difficoltà, l'epo è ostico da incollare) il modello e andare a volare. In entrambi i casi, la qualità delle finiture superficiali indica la qualità dello stampo e del materiale usato, un'alta porosità è indice di poca densità, quindi di delicatezza. Ultimamente ci sono anche produttori che propongono modelli in schiuma rivestiti in policarbonato, che si traduce in una finitura superficiale molto lucida e uniforme, ma il costo si avvicina a quello di un modello in resina.

Pronti al volo: comodi, ma occhio all'elettronica

In caso di modelli Rtf (Ready to fly), cioè pronti al volo, o addirittura Bnf (Bind And Fly, talmente pronti che basta caricare le batterie per volare) valutate attentamente i componenti elettronici: i regolatori sarà bene che siano sovradimensionati rispetto all'assorbimento previsto di circa il 20% poiché spesso i modelli vengono testati con celle economiche, mentre noi probabilmente ci metteremo celle di qualità. Se il regolatore non è all'altezza, meglio sbarcarlo subito e tenerlo nel cassetto, verrà buono per un modello meno potente.

La ventola di un modello di qualità, oltre a essere equilibrata (ma questo lo puoi scoprire solamente accendendo il modello) non deve presentare un aspetto troppo "plasticoso", tradendo l'uso di plastiche poco caricate con materiali "nobili" e quindi delicate e flessibili.

Una superficie speculare non è un bene per il flusso, è solo appagante per l'occhio. L'aerodinamica di una ventola non gradisce le superfici lucidate a specchio e reagisce creando deleterie bolle di separazione in ogni dove. Una girante che abbia palette flessibili ha spesso la sgradevole abitudine di rendere poco e anche di perdersi le palette per strada, con tutti i nefasti effetti che questo può comportare. La pulizia dei cablaggi e il loro andamento ordinato sono indice di accuratezza di progettazione e costruzione, un regolatore ben fissato ed esposto al flusso della ventola difficilmente creerà problemi.E non abbiate timore a chiedere, sul web ci sono molti forum e comunità di modellisti, e troppo spesso si legge di gente che chiede pareri su un modello solo dopo averlo comperato. E a quel punto c'è poco da fare.

PARTE QUARTA

ASSEMBLARE E OTTIMIZZARE IL MODELLO

L'impianto radio

Serve buona qualità, ma niente di trascendentale.
Invece è vitale che i comandi siano ben saldi e senza giochi

Per l'elettronica di bordo non occorre niente di trascendentale. Sarà bene che sia di buona qualità e installata in modo accurato e affidabile, ma i servocomandi non devono essere necessariamente iperpotenti, anzi, non serve che lo siano: date le corse contenute, possiamo farli lavorare con bracci di leva favorevoli, quindi non ci serviranno coppie esorbitanti.

Quel che ci occorre è invece uno "zero" ben fermo, senza giochi, per allontanare quel nefasto fenomeno chiamato flutter. E una buona robustezza degli ingranaggi è cosa gradita.

Anche se può sembrare strano, è meglio evitare i servocomandi con ingranaggi metallici, perché tendono ad accumulare giochi nel tempo e ciò mal si abbina alle velocità elevate. Il rischio di flutter è sempre presente.

Si tratta di un fenomeno devastante, che rende ingovernabile il modello. In pratica le superfici di comando cominciano a vibrare con ampiezza sempre maggiore, fino a scardinare il servo e far perdere pezzi in volo al modello, se l'ampiezza della vibrazione diventa eccessiva. Il consiglio è non lesinare in qualità, andando su materiali conosciuti e di provata affidabilità.

☺ *Un trucco per evitare il flutter nei modelli estremi è lasciare i bordi di uscita delle superfici mobili piuttosto spessi. Se non lo sono, possiamo inspessirli con del nastro adesivo robusto, tagliato con delle forbici a zigzag da sartoria. Avendo cura di applicarlo con le punte rivolte verso il muso del modello, con la parte dritta allineata al bordo di uscita.*

PERICOLO FLUTTERING

I manuali di aerodinamica definiscono il flutter "una vibrazione aeroelastica autoeccitata che si instaura in una struttura in moto relativo rispetto a un fluido, quando si verificano particolari condizioni". Tradotto, significa che se alettoni, flap e timoni non sono tenuti ben saldi al centro dalla potenza del servocomando e dalla rigidità del rinvio, raggiunta una velocità critica cominciano a vibrare in maniera forsennata, fino a venire strappati via. E non di rado si portano dietro anche l'ala o il quota a cui sono attaccati.

È importante che i rinvii siano all'altezza, specie su modelli di una certa rilevanza. Non devono avere giochi importanti, ottimi sono i rinvii che utilizzano uniball di buon calibro, del tipo usato sugli elimodelli.

I cavetti elettrici dei servocomandi vanno stesi con un andamento ordinato, con particolare attenzione per quei cavi che dobbiamo necessariamente far passare, magari allo scoperto, nelle vicinanze della ventola: può capitare infatti che il forte risucchio li stacchi e li faccia ingerire alla girante, con le conseguenze che è facile immaginare.

Ricevente e regolatore debbono essere montati il più lontano possibile tra loro, specie se si utilizza un apparato in megahertz. In questo caso, si dovrà fare molta attenzione anche a dove mettiamo l'antenna: deve essere il più lontano possibile dalle fonti di disturbo rappresentate dal regolatore, dai servi stessi (specie se prolungati) e dal motore.

Attenzione anche alle parti in carbonio, che avendo proprietà elettriche possono schermare l'antenna impedendole di captare correttamente il segnale del trasmettitore. Un rischio che riguarda soprattutto gli impianti a gigahertz. Le antenne delle riceventi a 2,4 GHz non devono stare sullo stesso piano ideale formato dai cavi dei servocomandi; questi, infatti, danno luogo a una antenna virtuale che scherma l'antenna reale (sì lo so, i puristi dell'elettronica storceranno il naso, ma devo farmi capire). Le antenne dunque devono essere più in basso o più in alto rispetto al piano formato dai cavi dei servi.

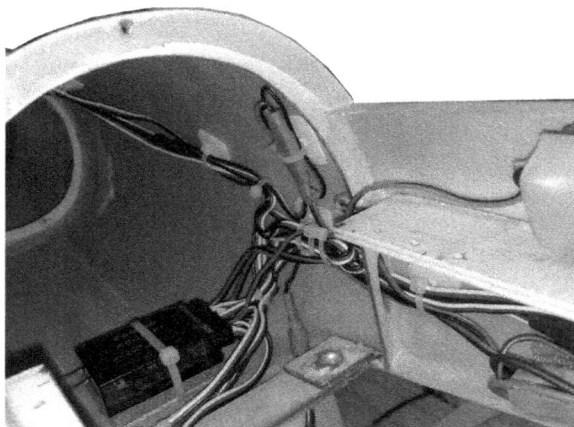

Anche le vernici metalliche sono un ottimo schermo per le onde radio, se rivestiamo il modello con una pellicola metallica dovrempo portare le antenne fuori dalla fusoliera. Tutto ciò è molto meno rilevante nelle radio in 2,4 GHz, un ottimo motivo per passare alla tecnologia più attuale. La loro immunità ai di-

I cablaggi interni devono essere saldamente fissati, per evitare guai col risucchio della girante.

sturbi interni generati dai tanti ammennicoli necessari ad alimentare e pilotare il jet elettrico è di gran lunga superiore rispetto ai sistemi tradizionali, e la vita del ventolaro è decisamente più comoda e sicura se dispone di questa tecnologia. So di ripetermi, ma la sicurezza ha le sue esigenze e non se ne parla mai a sufficienza.

Sebbene si sia fatto un enorme passo avanti della tecnologia a 2,4 Ghz, dobbiamo comunque fare attenzione al posizionamento e alla qualità dei componenti. Le antenne, nei sistemi che ne usano due, vanno montate con un angolo tra loro di 90 gradi, anche quelle di eventuali satelliti. Visto che come abbiamo visto il carbonio scherma le onde radio, se la fusoliera lo contiene bisogna portare le antenne all'esterno: proprio per questa esigenza, sono ormai comuni le riceventi 2,4 GHz con antenne lunghe per portare la parte attiva dell'antenna fuori dal carbonio (e dai guai). Le batterie di bordo e i Bec (Battery eliminator circuit, cioè il circuito elettronico che ci permette di prelevare dalla batteria che alimenta il motore anche la corrente necessaria per alimentare servi, carrelli e radio) sono un punto dolente, responsabili di molti più incidenti di quanto si possa pensare. Alcune riceventi si resettano se la tensione cala anche per un istante sotto la soglia minima indicata dal produttore, per cui teniamo conto degli assorbimenti e soprattutto dei picchi di assorbimento, cioè eventi durante i quali la tensione può calare sotto la soglia minima provocando il reset della ricevente, con tutto quel che ne consegue. I Bec sono comodi, visto che ci liberano della necessità di ricaricare le batterie di bordo e ci evitano anche il peso e l'ingombro di un pacco aggiuntivo. Ma reggono assorbimenti massimi piuttosto limitati, solo i migliori arrivano a 5 ampere, appena sufficienti su modelli anche piuttosto piccoli ma con servi digitali. Nel dubbio, quindi, aggiungiamo una batteria per la ricevente, che garantisca una buona scarica e abbia cavetti di buona sezione, magari siliconici e multifilari.

Un Sabre in espanso ricoperto da una pellicola metallica: finitura di grande effetto, ma esige molta attenzione nel posizionare l'antenna.
(Courtesy Marco Bresciani)

L'impianto di potenza

Abbiamo già visto come si dimensionano motori e batterie.
Ora vediamo come metterle insieme

Per trovare il giusto mezzo tra l'esigenza di tenere bilanciato un jet sul baricentro e avere il tubo di uscita corto per non perdere efficienza, il più delle volte i jet elettrici hanno il pacco batterie sul naso e la ventola quasi sul sedere. Il che normalmente richiede una prolunga che possa connettere pacco, Esc e motore. Un cavo qualsiasi non basta, sottovalutarlo sarebbe catastrofico. Un cavo è come un tubo, se stretto passerà poca acqua, se largo peserà troppo. Per non sbagliare, guardiamo i cavetti di regolatore e batterie e installiamone di identici, che siano multifilari e siliconici, mi raccomando, gli altri possono facilmente fondere. E fonderanno.

☺ *Le prolunghe vanno fatte sempre e solo nel tratto che dalla batteria va all'Esc, e mai in quello che dall'Esc va al motore.*

E questo non tanto perché, così facendo, si devono saldare solo due fili e non tre, ma soprattutto perché alcuni regolatori non riescono a gestire fili lunghi, praticamente tutte le istruzioni di motori e regolatori raccomandano di non variare mai la lunghezza dei cavi. I cavi siliconici, gli unici da usare per le prolunghe, sono venduti secondo la loro sezione, classificata sia in mmq che con la dicitura Awg (che sta per American wire gauge, calibro americano dei cavi) seguita da un numero che aumenta al diminuire della sezione del cavo: quindi, un 14 Awg sarà ben più spesso e capace di un 22 Awg. Di conseguenza peserà di più, ma in questo caso il peso è irrinunciabile. Anche i connettori dorati saranno dimensionati secondo l'assorbimento previsto. Evitiamo di risparmiare sulla qualità dei connettori, e limitiamo il più possibile prolunghe e saldature: ogni connessione per sua natura ha una resistenza, il che significa calore e quindi riduzione per quanto lieve del voltaggio, con impatto (seppur minimo) sulle prestazioni.

Cavo multifilare siliconico,
l'unico da usare per le prolunghe.

Installazione della ventola

Ci sono poche ma fondamentali regole. Vediamo di seguirle

Come qualsiasi altra elica, anche la girante se non è stata equilibrata dinamicamente in fabbrica (se lo è, il produttore lo strilla a chiare lettere dato che è una caratteristica molto importante) è bene che venga equilibrata, perlomeno staticamente.
L'equilibratura esclusivamente statica non è la cosa migliore per un oggetto che fa 40 mila giri al minuto, ma purtroppo non disponendo di una macchina da migliaia di euro per l'equilibratura dinamica, la statica è davvero il massimo che possiamo ottenere.

Armiamoci di santa pazienza e faremo quel che si fa con le eliche: per prima cosa carteggiamo via con delicatezza eventuali bave di stampo dalle pale e montiamo la nostra girante sul mozzo di un equilibratore, possibilmente magnetico, ma perlomeno di buona qualità.

Con la massima calma procediamo all'equilibratura che, date le minuscole dimensioni delle palette non può avvenire rimuovendo materiale dalla pala più pesante con la carta abrasiva, come si fa con le eliche: giocoforza dovremo aggiungere peso, per esempio con dei pezzetti di nastro telato o piccole gocce di bicomponente posizionate con precisione all'interno della parete del "bicchiere" o dell'ogiva che supporta le palette stesse. In questo modo non avremo problemi di distacco del peso dovuto alla (enorme) forza centrifuga.

Bisogna fare molta attenzione alle minime differenze di peso: anche un misero mezzo grammo è una differenza enorme a questi regimi di rotazione. Per cui procediamo con calma e soprattutto concediamoci tempo, lasciare il lavoro a metà è seccante. Ogni piccola vibrazione evitata significherà minori consumi, maggiore spinta, minori guasti a servi e struttura. E non ultimo, garantiremo più lunga vita ai cuscinetti del motore, mi pare ce ne sia a sufficienza per giustificare il tempo speso.

Terminata l'operazione, avremo una girante equilibrata staticamente. Il che non vuol dire che non avremo più vibrazioni, l'equilibratura statica e quella dinamica sono cose ben diverse, ma sicuramente avremo una girante un po' più equilibrata di prima. So che è poco, ma questo passa il convento in mancanza di un banco di equilibratura professionale. La girante non è il solo corpo rotante: c'è anche il motore. Di solito i motori sono già ben equilibrati di fabbrica. Però qualche piccola sbilanciatura potrebbe ancora esserci. E non è detto che sia un male: paradossalmente potrebbe tornarci comoda, vedremo poi il perché.

Montare la girante sull'albero del motore

Sembra semplice, ma è quasi un'arte. I metodi principali sono due: il primo prevede un mozzo forato e dei grani di bloccaggio. Con questo sistema dovremo procedere con cautela, solitamente stringendo i grani tendiamo a far assumere alla girante una posizione erronea, in pratica il mozzo tenderà al disassamento, per cui consiglio di bloccare prima il tutto con pochissimo cianacrilato, aspettare qualche secondo e poi stringere i grani sul mozzo ormai fermamente centrato.

Prima del montaggio però va verificata la qualità dell'accoppiamento tra mozzo e girante; provate a inserire la ventola sul motore e poi fatela girare a vuoto, non è raro purtroppo imbattersi in mozzi di scarsa qualità che girano sostanzialmente storti. Questi vanno immediatamente sostituiti. Attenzione, per storto intendo dire che anche un decimo di millimetro è inaccettabile. Quindi mi raccomando, massima precisione.

I mozzi "a pinza" invece hanno poca storia. Spesso sono integrati direttamente nel corpo della girante, e quindi c'è ben poco da fare; si monta la girante, si stringe il dado e si controlla che tutto giri dritto. Se così non fosse, si deve immediatamente sostituire la parte di mozzo che va sull'albero sperando che il problema sia lì. Altrimenti non resta che cambiare tutto, magari dandolo in testa a chi ce l'ha venduto.

Adesso che abbiamo il nostro bel mozzo perfettamente dritto e montato sull'albero, dovremo montare la girante. E vediamo perché eventuali vibrazioni del motore possono tornarci comode.

Facciamo una prima prova. Montiamo la girante e stringiamo il dado senza esagerare per evitare deformazioni, installiamo il motore su un banco prova e, timidamente, proviamo a collegare regolatore e batterie dando gas a basso regime. Con quel preciso strumento chiamato mano e con infinita attenzione, sentiamo fisicamente se il supporto vibra. Se non vibra, abbiamo una certa dose di fortuna e va bene così. Se invece vibra, abbiamo un'altra prova da fare: allentiamo il dado e proviamo a ruotare la girante sul mozzo di 90 gradi (un quarto di giro) e vediamo se il difetto si attenua, oppure aumenta. In pratica, si tratta di sfruttare il lieve sbilanciamento del motore come contrappeso per eliminare vibrazioni.

Raggiunto il miglior compromesso (la perfezione non è di questo mondo), con un piccolo graffio sulla ventola e sul mozzo segneremo la posizione per il successivo montaggio dentro al corpo ventola.

Il tutto può essere eseguito direttamente col motore montato nel corpo ventola, invece che sul banco, ma bisogna fare attenzione alle prime "smotorate": non è difficile graffiare con la girante il condotto in plastica, che può facilmente deformarsi con le vibrazioni e portare la girante in contatto con il condotto, facendo gravissimi danni alle palette.

Ci sono altri piccoli accorgimenti che possono metterci al riparo dai guai. Alcune ventole sono fornite con viti a testa conica; evitatele come la peste: se da un lato soffrono meno di allentamenti dovuti alle vibrazioni, dall'altro tendono per espansione a rompere la sede. Molto meglio delle viti a testa piatta, con delle belle rondelle di antica memoria.

Centrate bene il motore nella sede, facendo in modo che tutte le palette della girante abbiano la stessa "aria" col condotto, poi casomai mettete un minimo di ciano o di smalto per fissarle definitivamente.

Siamo a buon punto, ma il lavoro non è completo. Adesso abbiamo una ventola montata nel modo migliore possibile con mezzi "umani", ma non è ancora dentro al nostro modello. E in quest'ultimo passaggio ci sono ancora un paio di trabocchetti.

I modelli "precotti" di solito consigliano una ben precisa marca di ventola, e sono quindi teoricamente pronti ad accoglierla. Però bisogna far bene attenzione al posizionamento; non è raro che la sede sia un po' "troppo precisa" e che, quindi, possa generare delle tensioni che hanno la disgraziata abitudine di ovalizzare leggermente il condotto del corpo ventola. Poi controlliamo che la ventola "scivoli", senza forzare, dentro alla propria sede, se così non fosse mettiamo mano alla carta vetro e adattiamo il tutto; quando ci sembrerà a posto, serriamo eventuali viti di fissaggio e ricontrolliamo con attenzione la luce tra le palette e il condotto: deve necessariamente essere la stessa che avevamo con la ventola smontata. Teniamo presente che con le ventole in plastica basta davvero poco a ovalizzare il condotto e dare gas con la girante che struscia sul condotto... Beh, lascio a voi immaginare le conseguenze.

Se il motore è troppo piccolo

Spesso capita che il diametro del motore sia inferiore a quello della culla destinato ad accoglierlo. Per dare adeguato supporto ai motori, specie gli inrunner che tipicamente hanno un diametro più piccolo che non gli outrunner, ed evitare spiacevoli cedimenti, soprattutto se abbiamo a che fare con delle ventole economiche, sarà bene inserire dei listelli in plastica o legno che riempiano il gap tra il motore e la cassa del corpo ventola.

Potranno essere incollati al motore con del ciano per tutta la sua lunghezza: consiglio di usarne almeno sei per avere una superficie maggiore. In questo modo il peso del motore e le vibrazioni residue non si scaricheranno solo sulla flangia ma su tutto il "tubo" che ospita il motore.

Sconsiglio di ricorrere ad alri metodi, come per esempio avvolgere il motore in un foglio di depron o altro materiale: il raffreddamento sarebbe ostacolato, mentre con i listelli attorno al motore scorrerà aria ad alta velocità.

E se sostituissi la flangia?

Se abbiamo a che fare con potenze e temperature molto elevate, in alcune ventole dal basso costo può essere utile la sostituzione della flangia di supporto del motore con una realizzata interamente in compositi, o legno rinforzato in composito. Farlo non è difficile, con un po' di attenzione basta rimuovere la vecchia con il dremel e sostituirla.

Fili e regolatore

I fili del motore possono diventare un ostacolo aerodinamico abbastanza cospicuo, quindi nei limiti del possibile cerchiamo di carenarli. Per lo meno, se la ventola non prevede un lungo condotto di alloggiamento del motore, proviamo a cercare un modo per metterli "di taglio" rispetto al flusso, e non uno accanto all'altro " di piatto": sarebbe un bell'aerofreno, per cui se possibile cerchiamo di evitarlo, se non è possibile... faremo di necessità virtù.

Il regolatore è un'altra bestia nera, visto che di solito viene sfruttato a fondo nelle ventole. Ma abbiamo un alleato importante nella lotta al calore: il potente flusso della ventola. Possiamo approfittare del "venticello" a 300 chilometri orari per raffreddare il nostro importantissimo componente. Possiamo montarlo dentro a una carenatura a forma di ocarina dotata di opportune prese d'aria dietro al motore, o anche fissarlo prima della ventola nel condotto di ingresso: ci ruberà qualche grammo di spinta ma saremo più tranquilli sull'efficacia del raffreddamento, benedicendo quel poco di spinta che sacrifichiamo.

La cantina di Von Braun

Le ventole hanno esigenze particolari. Anche in laboratorio

Come per tutti i modelli elettrici, anche per i jet il cuore dell'attrezzatura del modellista è il caricabatterie.

Oggi come oggi, le celle possono essere capaci di forti correnti sia in scarica sia in ricarica, per cui ci servirà potenza se non vuoi avere inutili attese al momento di ricaricare. Per il caricabatterie, come per la radio, vale il detto "chi risparmia spreca". Il che non significa spendere scriteriatamente, vuol dire piuttosto spendere qualche soldo in più pensando al futuro. Un futuro lungo, visto che i caricabatterie non volano tipicamente durano di più dei modelli. Se le tue tasche lo consentono, acquista direttamente un caricabatterie da almeno 300 watt, che sia capace di caricare il maggior numero di celle possibile. Ottimi i caricabatterie che consentono l'aggiornamento via software del ciclo di carica, cosa che mette al riparo il tuo investimento in caso di uscita di nuove tecnologie. 300 watt possono sembrare tanti per caricare le Lipo, ma tieni presente che per caricare a 5C un classico pacco di volo per una classe 90, e cioè sei celle da 4000 mAh si sfiora il mezzo chilowatt. Nell'immediato, probabilmente avrai a che fare con modelli non molto potenti, equipaggiati con celle di capacità e voltaggio accessibili. Ma un domani potresti volere fare qualcosa di più impegnativo, e allora il caricabatterie di oggi, che è appena sufficiente, diventerà insufficiente, costringendoti così a comperare un accessorio più performante. Se l'avessi comprato subito, avresti risparmiato i soldi del caricabatterie economico.

Saldatore

Per ogni lavoro ci vuole lo strumento adatto. Anche il saldatore a stagno deve essere adatto all'uso. Quelli a temperatura regolabile sono ottimi per i lavori di precisione come le prolunghe dei servocomandi. Per le saldature più importanti, come quelle dei cavi di potenza, vanno bene quelli classici a pistola da 100 watt, tenendo presente che non c'è nulla di peggio di una saldatura fredda.

Bilanciatore

Spesso sarai andato in volo con eliche bilanciate in modo approssimativo. Non avresti dovuto farlo, ma è un male piccolo in confronto al male che si procura al motore e al modello con una girante mal bilanciata. Se un'elica ha qualche grammo di sbilanciamento, a 6 mila giri al minuto ovviamente vibrerà. Ma il modello volerà e rimarrà intero, anche se al costo di un ampere sprecato in più e di qualche vibrazione sonoramente sgradevole.

Se a essere sbilanciata è una ventola da 50 mila giri la musica cambia, quel grammo quasi inapprezzabile può diventare un devastante mangiacuscinetti, e ti può rubare anche una parte di spinta apprezzabile. Tralascio il suono orrendo generato da una girante sbilanciata che sarebbe il male minore. Quindi, la cosa migliore da fare è mettere in conto l'acquisto (o la costruzione) di un bilanciatore magnetico, strumento dalla grande precisione e sensibilità, che consente il bilanciamento statico ottimale della nostra girante. Come abbiamo già visto, quello ottenibile con strumenti hobbistici è solo un bilanciamento statico e non dinamico, cosa che sarebbe assai più accurata, ma ho imparato ad accontentarmi e non cercare l'impossibile: per bilanciare dinamicamente una girante serve una macchina che costa come un'automobile, per cui accontentiamoci di non far vibrare troppo la nostra girante. Mettiamola sull'asse del nostro bilanciatore e cerchiamo di farla stare in equilibrio con qualche goccia di bicomponente posta all'interno dell'ogiva che supporta le palette.

Carta vetro finissima (800/1000)

Utilissima per le finiture della ventola, la useremo per eliminare eventuali bave di stampa presenti sulle ventole in plastica e a irruvidire i fogli di

ACCONTENTIAMOCI DELLA STATICA

L'ideale sarebbe la bilanciatura dinamica: la ventola viene montata su un mandrino con cuscinetti collegati a sensori, che, mentre la girante ruota, leggono le vibrazioni e individuano i punti precisi dove intervenire con i pesi per un'equilibratura perfetta. Qui a destra, il report di una macchina di questo genere. Purtroppo costa decisamente troppo per un hobbista, quindi dovremo farne a meno.

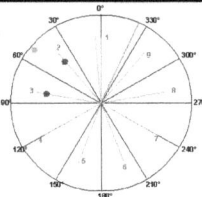

acetato utilizzati per i condotti di scarico.

Sarebbe un errore pensare all'interno dei condotti come a delle superfici lucidate a specchio: se così fosse, potrebbero crearsi delle bolle di separazione che invece di favorire il flusso lo ostacolano. Per cui è molto meglio mantenere un flusso superficiale turbolento ma nel contempo costante lungo tutto il percorso dell'aria all'interno del modello.

Per cui una leggera cartavetrata all'interno del tubo eviterà che si stacchino le famigerate bolle.

Frenafiletti

Il frenafiletti è un liquido adesivo molto fluido, che riempie completamente i giochi tra gli accoppiamenti filettati, per esempio quello tra una vite e un dado, impedendo così l'allentamento spontaneo e proteggendo la tenuta contro vibrazioni e urti che spesso fanno svitare viti anche se fortemente serrate. In particolare, potremo usarli anche per mettere in sicurezza il mozzo di una girante.

Amperometro

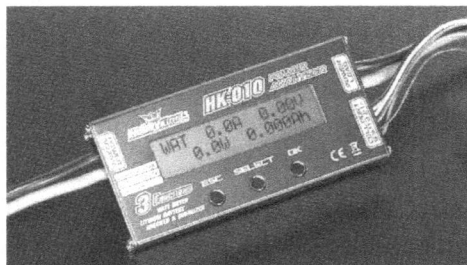

Analyzer (in alto) e pinza amperometrica per uso modellistico.

Strumento utilissimo e pratico, permette di misurare in pochi secondi quanto assorbe il nostro gruppo motore/ventola/tubo.

Viste le alte correnti in gioco, misurare gli assorbimenti è cosa che può salvare l'intero sistema di propulsione. Ne esistono di due tipi fondamentali: la praticissima pinza amperometrica, facile e veloce da usare, basta passarci all'interno un cavo proveniente dalla batteria e misurare. Indica però il solo assorbimento, che è pur sempre un valore chiave, ma non è l'unico parametro che ci interessa. Gli analyzer, pratici da utilizzare ma più precisi, oltre al consumo ci dicono anche il valore del voltaggio sotto carico e di conseguenza i watt, ovvero la potenza che effettivamente viene prelevata dal pacco batterie. Nonostante siano più performanti, gli analyzer spesso costano addirittura meno delle pinze amperometriche. In compenso vanno connessi fisicamente al cablaggi del modello, falsando leggermente le misurazioni. Conoscendo i valori dell'assorbimento, sapremo subito se la nostra catena di potenza - batterie, Esc, motore - sopporterà le potenze che avremo in volo oppure se l'elemento più debole della catena è destinato a cedere.

☹ *A differenza dei modelli a elica, l'assorbimento in volo non scenderà. Quindi se a terra leggiamo 70 ampere e abbiamo un Esc da 65, stiamo seriamente rischiando di fare la frittata.*

Dinamometro

In parole povere, è una bilancia con un gancio, che può essere attaccato al modello o a una ventola montata su un banco prova, per misurare la spinta. Sono molto usati dai pescatori per potersi vantare al bar con gli amici delle ragguardevoli dimensioni delle loro prede. Dunque, buoni posti dove acquistarle a prezzi abbordabili sono i negozi di pesca.

Come per tutte le bilance, sono più precise tanto più ci si avvicina all'ordine di grandezza della portata massima; quindi se misuriamo spinte per ventole da 70 o 90 mm un dinamometro da 5 kg sarà più indicato che uno da 20 o peggio 50 kg, anche se in pratica le portate tra 20 e 40 kg sono le più diffuse ed economiche.

Il valore della spinta statica è il più citato tra i ventolari, e in effetti è uno dei parametri più importanti per il nostro jet. La spinta non è tutto, lo abbiamo visto: molto conta la velocità di efflusso. Ma il dinamometro è utilissimo anche per mi-

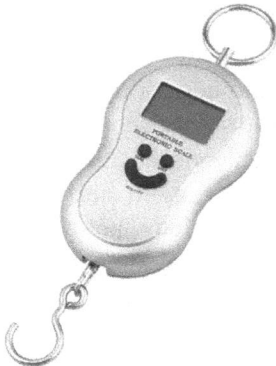

surare le differenze con le varie combinazioni di batterie o di setup del regolatore. E ci sarà anche utilissimo per verificare la tensione del cavo elastico, se decolliamo a fionda. Quanto alla spinta, non è possibile dire a priori qual è il rapporto ottimale tra spinta e peso: ma in linea di massima, la tabella qui sotto dà qualche indicazione.

SPINTA/PESO	PER FARE COSA (valori indicativi)
1/4	Potenza normalmente insufficiente, adatta per alianti a turbina e modelli speciali come l'U2.
1/2	Volo realistico con jet non molto caricati, come i caccia degli anni '50 o i liner.
3/4	Volo acrobatico con jet non molto caricati, volo realistico con jet caricati.
1/1	Volo acrobatico e veloce con ogni tipo di jet.
1,5/1 e oltre	Volo 3D con ventole vettorabili.

kv meter

È uno strumento che misura i giri effettuati dal motore per ogni volt con cui è alimentato. Può sembrare una fesseria, visto che tutti i motori vengono sempre venduti con bene in evidenza il parametro kv (per l'appunto, i giri per volt). Ma possiamo trovarci per le mani un motore di cui non conosciamo il kv perché non abbiamo più il manualetto, o perché col tempo si è staccata la targhetta. Mi è anche capitato di vedere motori marchiati male. Con il kv meter potrai capire perché quel determinato motore non tira come dovrebbe, oppure perché succhia corrente come un cammello tibetano,.Finora l'ho trovato presso un notissimo negozio online asiatico;

basta cercarlo sul web con un motore di ricerca immettendo la frase: *brushless kv meter*. Certo, molti altri strumenti possono farci comodo, per esempio un comparatore ci dirà se un albero o un mozzo sono diritti e ben forati. Ma in questo volume parliamo del minimo sindacale necessario a un hobbista.

PARTE QUINTA

STACCARE LE RUOTE DA TERRA

Il decollo

Dieci metri di caucciù e passa la paura

Decollare con un modello a ventola non è sempre una cosa semplice. Se siamo ai comandi di un modello dalle caratteristiche di volo abbordabili, il decollo, pur con qualche piccola differenza, sarà del tutto simile a quello che facciamo già con i nostri modelli a elica.

Le cose cambiano con jet caricati, magari privi di carrello. In caso di decollo da pista asfaltata, la differenza tra ventola ed elica è poca: è vero che la deriva del jet è inefficiente e spesso non ha nemmeno la parte mobile, ma abbiamo una coppia quasi nulla da contrastare con il direzionale, per cui basta avere un ruotino sterzante per andare perfettamente diritti.

Anche il cabra è piuttosto sordo alle basse velocità, mancando il flusso dell'elica sui piani di coda. Ma basta una corsa di qualche metro più lunga del solito per avere sufficiente autorità di comando da poter cabrare, portando così in volo il nostro jet.

Ma se le ruote non ci sono? O se la pista non è asfaltata ma è un semplice campo in erba rasata?

☺ *Non è utopia lanciare un jet. Purché abbia una discreta superficie alare, sia piuttosto piccolo e leggero e abbia una buona spinta statica.*

In mancanza anche di uno solo di questo fondamentali parametri sarà bene dotarsi di una fionda (altrimenti detta catapulta) a elastico. E magari anche di una rampa che sorregga il modello avente una pendenza di 10 gradi circa e una lunghezza almeno doppia rispetto alla fusoliera.

Inutile dire che in presenza di cheater hole, cioè i "buchi sulla panza" per aiutare la portata d'aria alla ventola, la rampa diventa d'obbligo, a meno di non voler dare da mangiare erba e fiori alla nostra girante.

E non c'è proprio nulla di delicato in una margheritina tritata a 60 mila giri. Naturalmente avremo bisogno di un dispositivo che ci consenta lo sgancio dell'elastico al momento voluto: o un volenteroso aiutante, o un pedale. La regola empirica vuole che l'elastico abbia una trazione almeno cinque volte maggiore rispetto al peso del modello, il che vuol dire che se il modello pesa un chilo l'elastico deve tirarne almeno cinque. Per

misurare il tiro, andrà benissimo il dinamometro da pesca (vedi a pagina 79). La rampa è un metodo di lancio violento e c'è da prendere qualche precauzione:

1. La batteria deve essere fissata in modo ineccepibile

2. Il gancio va montato in posizione molto avanzata rispetto al centro di gravità, per mantenere direzionalità.

3. Il gancio deve essere fissato al modello in una zona di fusoliera appositamente attrezzata, cioè particolarmente robusta e dotata di opportuni fazzoletti di rinforzo che distribuiscano le forze su una buona superficie.

4. L'elastico deve avere una lunghezza di almeno 10 m, e va fissato a un robusto cavetto in nylon o altro materiale sufficientemente resistente alla trazione di lunghezza doppia rispetto all'elastico. Il tutto va fissato da un lato a un picchetto, dall'altro al pedale di sgancio.

☹ *Attenzione al picchetto: è un pugnale pericolosissimo puntato esattamente verso chi lancia, perciò prestiamo la massima attenzione durante il suo fissaggio nel terreno!*

Il picchetto ideale dovrebbe essere molto lungo, possibilmente dotato di una forma elicoidale che garantisca una buona presa sul terreno. Sono ottimi anche i picchetti usati dagli addestratori di cani (vedi foto), facili da infilare nel terreno e particolarmente sicuri. Li usano anche i piloti di alianti da pendio, che non di rado richiedono trazioni ben superiori a quelle delle ventole. Facciamo anche attenzione al terreno, un forte acquazzone può renderlo molle e cedevole, in questo caso cerchiamo un'altra zona per piantarlo.

Piantiamo il picchetto nel terreno non dritto, o peggio ancora inclinato verso il pilota; casomai diamo una inclinazione contraria alla linea di trazione, fissandolo in questo modo non tenderà a sfilarsi.

Tutto questo può sembrare sufficiente ma, poiché la fortuna è cieca mentre la sfiga ci vede benissimo, adottiamo un'altra precauzione sostanzialmente gratuita, ovvero fissiamo una volgare busta della spesa (shopper) all'elastico in corrispondenza del picchetto. I più raffinati ci metteranno un paracadutino, ma l'effetto è sempre quello: nella improbabile eventualità di uno sgancio del picchetto avremo un freno aerodinamico che ne smorzerà la velocità rendendolo molto meno pericoloso.

La stessa cosa andrebbe fatta sul lato del modello, ma va considerato che in caso di sgancio accidentale il modello stesso rallenta la corsa dell'elastico, e non c'è neppure il pericoloso pugnale rappresentato dal picchetto. Oviamente il modello si scasserà, quindi stiamo attenti. Sarebbe bene mettere una piccola busta anche sul lato di cavo vicino al modello, lo so, non è bella a vedersi, ma non siamo ad una sfilata di moda.

Anche l'elastico è fonte di possibili guai: un elastico invecchiando può cedere. Sarebbe bene, quindi, usare quelli rivestiti di una calza in tessuto, per capirci quelli usati per fissare i pacchi sulle auto. In caso di cedimento, la calza farà da garante per la nostra incolumità. Il cavo elastico rivestito si trova nei brico più forniti in vari spessori e a metraggio, il costo solitamente è ragionevolissimo.

La rampa di lancio deve avere un'inclinazione di almeno 10 gradi, ha la funzione di avviare verso il volo il nostro modello e quindi è bene che sia lunga almeno due volte la lunghezza del modello. La sua costruzione è un esercizio di fantasia, s'è infatti visto di tutto, dai tubi piegati e conficcati nel terreno fino a veri e propri binari in alluminio. Qualsiasi soluzione deve rappresentare un buon compromesso tra la praticità di trasporto e montaggio e l'affidabilità di una struttura che sorregga correttamente il nostro modello.

In volo

Adesso che l'abbiamo messo in aria il nostro jet deve volare. La trazione statica non è il pezzo forte di un jet. Per cui cerchiamo di esser dolci sui comandi, specie il cabra; attendiamo sempre che il modello costruisca la sua velocità prima di cabrare decisi, pena lo stallo o peggio ancora lo snap. Hai sotto i pollici un jet, e quindi non un acrobatico estremo, per cui se non vuoi fare figuracce del tipo "ma guarda quello li, cosa pensa di pilotare?" sarà bene tenere traiettorie pulite e raccordate. Un jet non è un Pitts e il suo volo, se vuoi che sia credibile, non deve mai assomigliare a

*Un pedale artigianale, assemblato con materiali
che si trovano in qualsiasi brico.*

quello di un acrobatico a elica. Tieni sempre presente l'inerzia nelle tue manovre, e cerca di non sprecarla: fortunatamente le ventole, grazie ai loro condotti, di fatto aumentano la superficie laterale della fusoliera e ne diminuiscono al contempo la resistenza all'avanzamento.

I jet a ventola sono molto efficienti e volano sui binari. Ciò gli consente di costruire una buona velocità e di conseguenza preziosissima inerzia, utile da spendere nelle manovre verticali e nelle affondate vertiginose.

Un jet non va assassinato con improvvisi comandi a fondo corsa, anche perché è inutile e brutto a vedersi. Molto meglio pianificare le figure, pensandole ampie e raccordate. Insomma una danza classica non un rock sfrenato. Se ami quest'ultimo stile regala questo libro a qualcuno che ami la musica classica e compra un acrobatico 3D. O tutt'al più fatti uno schiumino con le ventole vettorabili, che poco ha a che fare coi jet veri e molto con il volo degli elicotteri.

L'atterraggio

L'atterraggio è un'arte, è una delle più belle manovre da vedere. A patto che sia ben eseguito, naturalmente. E soprattutto che abbia un lieto fine.

Con un jet o con un modello a elica la procedura non dovrebbe cambiare poi molto, è buona norma eseguire le stesse manovre effettuate dai

SUPERSTALLO

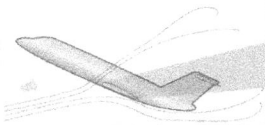

Alcune geometrie di jet sono soggette a un pericolosissimo fenomeno aerodinamico, il "superstallo" (in inglese *Deep Stall*), che in misura minore colpisce anche certi aerei a elica e alianti, ma sui jet diventa particolarmente insidioso.

Ne sono affetti aerei come il MiG 15, il Caravelle, l'F-104, l'MD80 e in generale dove il piano di coda è montato sopra alla deriva. E specialmente quando le ali sono a freccia.

A forti angoli d'attacco, il piano di coda entra nell'ombra aerodinamica dell'ala e perde efficienza. Essendo il quota del tutto inefficiente, non è possibile uscire dal superstallo tenendo i comandi al centro o picchiando, come si fa nello stallo normale. Piuttosto, si può tentare di farlo degenerare in una vite con un violento colpo di alettoni e poi ricoverarla come al solito, alettoni al centro e cauta cabrata. Il modo migliore di evitare il superstallo è quello di evitare manovre brusche, specie sul cabra. O di usare ventole vettorabili, che per loro natura non sono compatibili col superstallo.

nostri cugini dei fullsize. Quindi impariamo a metterci in una condizione mentale adatta, la concentrazione è d'obbligo e i comandi non devono essere violenti. Se vogliamo fare un atterraggio che non sia un appontaggio, cerchiamo di smaltire l'adrenalina accumulata durante il volo, magari pure acrobatico e proviamo a entrare in un'altra dimensione mentale. Qualsiasi volo acquisterà maggior pregio e verosimiglianza, se terminato il nostro programma entreremo in quello che è chiamato circuito di atterraggio. Si tratta di Un circuito che va impostato in base al vento, percorrendo un corridoio virtuale che corre parallelo alla pista, con il modello che si abbassa lievemente fino a un'altezza di una ventina di metri, per poi effettuare la virata a 90 gradi che porta il nostro minivelivolo ad arrivare quasi all'altezza dell'asse della pista. A questo punto si vira nuovamente di 90 gradi e si inizia il famigerato "corto finale", ovvero l'ultima parte dell'avvicinamento alla testata pista. È inutile ricordare (ma te lo ricordo lo stesso) che - emergenze a parte - qualsiasi atterraggio con qualsiasi modello *deve* essere effettuato controvento, a maggior ragione con modelli dal carico alare elevato come i jet: pena un atterraggio veloce che può portare fuori pista e danneggiare carrelli e modello. Specialmente il carrello anteriore dei gommoli cinesi, che troppo spesso è avvitato a una piastra di compensato incollata sul polistirolo.

Anche le virate finali dovranno tenere presente il vento, dato che si vola a bassa velocità. Durante la parte finale, la gestione della quota dovrebbe avvenire con il gas, e non con il comando di profondità come sembrerebbe logico: infatti, quando l'aeromobile assume una incidenza positiva, la spinta si trasforma parzialmente in sostentamento, e quindi contribuisce a tenere in aria il nostro modello.

Parzializzando, oppure aumentando alla bisogna la spinta, sosterremo o faremo affondare il modello regolando il rateo di discesa in modo piuttosto lineare e preciso. Un altro vantaggio è che regolando la planata col gas, saremo anche pronti col tito sull'acceleratore nel caso si vada in prestallo, fenomeno riconoscibile in quanto il modello perde in stabilità.

Il comando del cabra perde efficienza al diminuire della velocità, per cui attenzione anche al centraggio: se troppo avanzato può portare ad un comando insufficiente, cosa che da luogo ad atterraggi balistici spesso devastanti. Un jet non è solo spinta e potenza, è pur sempre un aereo, pertanto sarà bene mettere bene a punto l'aerodinamica.

Un centro di gravità permanente

Il Cg ottimale è anche questione di gusti... Entro certi limiti

Innamorati della potenza e del suono delle ventole, spesso i cultori dei jet si limitano a cercare un centro di gravità stabile e si accontentano. Il che è un approccio ben poco aeronautico, se non addirittura superficiale, al volo. Probabilmente avremo speso soldi e tempo alla ricerca di una motorizzazione potente, avremo curato maniacalmente i percorsi che portano aria alla girante, avremo equilibrato con fatica le palette... Ha senso volare poi col freno a mano tirato? Direi proprio di no. Per cui vediamo di comprendere quei fattori che possono portare il nostro aeromobile ad avere una forte resistenza aerodinamica.

A proposito di centro di gravità, è un fattore molto critico e non va sottovalutato. E non bisogna esagerare con i bilanciamenti conservativi: è vero che un modello stabile dà confidenza, è vero il vecchio adagio del modellista "modello picchiato (cioè pesante sul muso) modello salvato", ma è anche vero che essere troppo picchiati non è un vantaggio. Come per ogni aeroplano, anche il nostro jet deve essere centrato attorno al 25-30%

Un Vampire in corto finale.
(Courtesy Fabio "Comet" Rinaldi)

della corda media aerodinamica (Cma), ma i jet spesso hanno geometrie complicate, frecce accentuate e karman generosi che devono entrare nel conto: quindi estrapolare geometricamente la corda aerodinamica non è sempre semplice, per i modelli commerciali il produttore dichiara sempre dove si trova il CG, per quelli autocostruiti occorre un po' di esperienza per trovare un centro di gravità adeguato per il collaudo: come sempre, nel dubbio, meglio mezzo centimetro avanti che dietro. Ma se davvero vogliamo ottenere il massimo dal nostro jet, nei voli successivi, quando avremo cominciato a conoscere bene il modello, cerchiamo di mettere a punto il centro di gravità ottimale arretrandolo a piccoli passi. Così, gradualmente, potremo scoprire che il nostro modello ha un carattere deciso che ci aveva nascosto durante il collaudo. E non è detto che sia un caratteraccio. Ovviamente tutto ha un limite, e tutti sappiamo cosa vuol dire volare col modello cabrato. Non è solo questione di stabilità, ma anche di prestazioni: un centro di gravità sensibilmente avanzato è richiede di applicare una deportanza del piano di quota per volare livellati, e la deportanza, esattamente come la portanza, è sempre ottenuta rubando resistenza all'avanzamento. Non ha molto senso creare una portanza a scapito della resistenza per poi contrastarla con una deportanza creata sempre al costo di un furto alla spinta.

☺ *Il punto ideale di centraggio sarà quello che ci dà un modello veloce e manovrabile, ma non critico. Il centro di gravità "giusto" è anche questione di gusti, entro certi limiti.*

Svergolature e relativi trim sballati sono un'altra fonte di disturbo aerodinamico. Un profilo alare ha una determinata forma, studiata in base alle prestazioni che dovrà fornire, per cui è del tutto evidente che al variare della forma a causa delle superfici deflesse per esigenze di trimmaggio varia anche il comportamento e la resa complessiva del profilo. E di conseguenza varia anche la resistenza all'avanzamento.

Dopo il primo volo, una volta trimmato il modello, dovremo identificare le eventuali deformazioni strutturali che determinano trimmaggi sensibili delle superfici: quell'alettone trimmato su o giù in pianta stabile ruba resistenza, se basta uno spessorino sotto a un bordo di uscita per riallinearlo non essere pigro, mettilo, il modello ti ringrazierà!

PARTE SESTA

L'ARTE DEL COMPROMESSO

Lo zen e l'arte delle ventole

Il tutto è maggiore della somma delle parti

Un jet, come tutti gli aeroplani, è frutto di tanti compromessi. Non ci sarebbero molte differenze con un modello a elica, se non fosse che le ventole sono delle sprecone: la potenza è messa a disposizione del modello in modo si affascinante ma un po' inefficiente, per cui occorre valutare molto più attentamente del solito pro e contro di ogni nostra scelta.

☺ *Dalle mie misurazioni e dall'esperienza di tutti i ventolari emerge che l'efficienza di una ventola decresce con l'aumentare dei giri. Per cui valuta sempre il beneficio che può portare il montaggio di un motore a più alto kv o di batterie più prestanti ma più pesanti.*

Spesso assisto al volo di modelli dove si cerca la massima potenza senza badare all'insieme del modello. Non è raro vedere voli balistici seguiti da atterraggi adrenalinici, che nulla hanno a che vedere col volo soave e potente al tempo stesso di un jet fullsize. D'altro canto, anche cercare la massima leggerezza ha i suoi limiti: un jet non è un masso, ma non è neppure un fuscello. Un bel caccia che conserva inerzia in figura è bello a vedersi.

Insomma, bisogna usare il buon senso. Dobbiamo ricercare sempre il miglior compromesso tra spinta, velocità e autonomia. Forse è proprio questo il bello di questa branca dell'aeromodellismo. Un modellista esperto saprà montare il suo modello al meglio e lo doterà di ciò che è necessario per un volo appagante, senza esagerare e senza sprecare efficienza. Il segreto è nel coniugare la soddisfazione che ci dà la costruzione con la capacità di scegliere i componenti e il centraggio, tutte cose che si raggiungono con l'esperienza e con l'osservazione dei successi e degli errori altrui. Anche a partire da un modello "pronto al volo".

Dimensionare le batterie

Nei miei conti cerco sempre di ottenere almeno quattro minuti a pieno motore di autonomia. Cosa che porta a oltre cinque minuti di volo con le necessarie riserve per l'atterraggio, dato che non voleremo certo sempre a tutto gas. Per i miei jet cerco il compromesso in base anche al modello che ho tra le mani. Il che vuol dire che, mentre su un caccia supersonico mi spingerò in alto con giri e potenze, su un trainer basico cercherò di non scendere sotto a un'efficienza di 1,5 grammi/watt, ovvero di 1,5 grammi di spinta per ogni watt consumato. Ottenere questo valore è abbastanza semplice: basta moltiplicare gli ampere consumati dal motore per i volt della batteria sotto carico (mediamente 3,6 / 3,7 volt a celle cariche) otterremo così i watt erogati dalla batteria. A questo punto, determinata la spinta disponibile con una bilancia o un dinamometro, divideremo i grammi di spinta alla ventola per i watt erogati dalle batterie, il gioco è fatto.

☺ *Per fare un esempio, un ipotetico sistema che consuma 50 ampere a 10 volt (quindi 500 watt) e fornisce un chilo di spinta, ha un'efficienza di 2 grammi per ogni watt erogato. E questo sarebbe un valore fin troppo buono da ottenere.*

Per trovare il miglior compromesso tra pesi e potenza dobbiamo considerare tutto, e il componente da tenere sempre al limite deve essere il motore. Che deve dare sempre il massimo delle sue possibilità senza rompersi. Perché vale la pena di cercare la massima potenza rispetto al peso del motore? Presto detto: dovendo (o volendo) aggiungere peso, preferiremo di certo farlo usando batterie più capienti, il vero anello debole di un sistema di propulsione elettrico, che non installando motori inutilmente grandi.

Il giusto dimensionamento della batterie è davvero la cosa più importante. Ricordiamo che i parametri importanti di una batteria sono tre: **il voltaggio**, cioè il numero di elementi in serie (abbreviato in **S**) che compongono il pacco. Nelle batterie Lipo ogni elemento è da 3,7 volt nominali, quindi il voltaggio totale del pacco si ottiene moltiplicando il numero di celle in serie per 3,7: un pacco tipico da ventola può andare da 3S (11,1 volt nominali) fino a 8 e oltre (29,6 volt nominali). Più sale il voltaggio, più la ventola gira in fretta. Il secondo elemento importante è l'**amperaggio (A)**, espresso in milliampere; più salgono i milliampere, più durerà la scarica del pacco: è come avere un serbatoio più grande.

Il terzo fattore, **C**, indica la potenza massima che possiamo estrarre dalle nostre celle senza rovinarle, ed è espresso in multipli dell'amperaggio nominale; più C è grande, più possiamo succhiare impunemente corrente. Spesso vedo batterie dalla grande capacità di scarica (molti C) ma dalla bassa capienza (pochi milliampere). Diciamo che non è una buona idea: dal momento che i massimi ampere erogabili dalla batteria si ottengono moltiplicando C per l'amperaggio nominale, e che a un alto valore di C si abbina un peso specifico più alto delle celle, allora tanto vale avere una batteria che offra meno C ma che abbia un amperaggio nominale maggiore.

☺ *Se andiamo a leggere quanti ampere può erogare una batteria, potremmo per esempio accorgerci che una batteria da 2600 mah con capacità di scarica di 30C pesa più o meno gli stessi grammi ed eroga all'incirca gli stessi ampere massimi di una batteria da 2.200 mah da 35C (per la precisione, 78 A la prima, 77 A la seconda). Allora, tanto vale scegliere la prima e volare un minuto in più.*

In altre parole, a prescindere dai C di scarica, è importante tenere d'occhio l'amperaggio massimo erogabile da una batteria. In pratica una batteria da 1600 mah 30c e una da 3200 15 C hanno un valore di resistenza interna paragonabile. Quindi se la differenza di peso non è molta perché scegliere la 1600 e avere metà dell'autonomia che ci garantirebbe la meno pregiata 3200?

C FACTOR

Uno dei parametri più importanti per scegliere le batterie è il fattore C, che indica quanta corrente possiamo chiedere al nostro pacco senza rovinarlo.

Per definizione, C è la corrente nominale; una cella da 4000 mAh che può essere scaricata a 1C ci darà quattro ampere per un ora. Una corrente con cui possiamo forse far volare un dirigibile, non certo un jet.

Una cella da 4000 mAh da 10C ci darà 4x10=40A per 60/10=6 minuti, il che è più ragionevole. E una cella 4000 mAh da 20C ci darà 4x20=80A, quel che ci vuole per il nostro jet. Ma solo per 60/20=3 minuti a pieno gas.

Le batterie moderne spesso indicano tre diversi valori di C: Burst, che dice quanta corrente si può prelevare per pochi secondi, Continuous che ci dice quanta corrente possiamo prelevare al massimo in crociera, e Recharge che ci dice a quanto possiamo caricare il nostro pacco: le celle da 2C in ricarica possono essere caricate al doppio del loro amperaggio nominale e si caricheranno in circa mezz'ora, le celle da 4C in ricarica si possono caricare a quattro volte l'amperaggio nominale e saranno pronte al volo in circa un quarto d'ora.

Velocità o tiro?

C'è un altro compromesso da cercare. Una ventola può essere ottimizzata per fornire spinta alle basse velocità, oppure per avere una buona efficienza alle alte. Insomma, per tentare un azzardato paragone automobilistico, può essere "in prima" (più tiro) o "in quinta" (più velocità di flusso). In parte possiamo variare questa caratteristica allargando o stringendo la parte posteriore del condotto. Nel primo caso avremo più spinta statica e un minor consumo, uniti però a scarse capacità di generare spinta alle alte velocità. Viceversa andremo a privilegiare la velocità a scapito del tiro.

Anche qui si tratta di vedere su cosa stiamo lavorando: su un liner, per esempio, possiamo anche considerare l'idea di non stringere affatto il condotto, o di farlo solo in minima parte, lasciandolo al 95% dell'area della girante: così facendo avremo tiro, ovvero proprio quel che ci serve in decollo su un modello che *non deve* correre. Invece su un F104 o su un modello da velocità stringeremo anche all'80% il cono di scarico. Soffriremo un po' di più per decollare e consumeremo un po' di più, ma la musica in volo sarà un rock travolgente. Anche la girante può essere ottimizzata per il tiro o per la velocità: generalmente le giranti ottimizzate per la spinta statica hanno molte palette, quelle da velocità ne hanno meno.

La cura del dettaglio

A volte mi capita di osservare gente che cerca di mettere sul proprio modello le motorizzazioni più esotiche e potenti. Salvo poi notare che molti particolari vengono completamente tralasciati. Impariamo a non sprecare prima di scialare con le potenze. I watt si pagano coi soldi, la finezza aerodinamica invece è sostanzialmente gratuita e spesso più importante di un buon motore. Mi spiego, non ha alcun senso installare un motore da 4 kw in una ventola da 90 mm se poi per esempio i carrelli si chiudono dentro a vani senza sportelli.

Posso avere tutta la potenza che voglio, ma nessun modello volerà mai grazie alla sola potenza. Volerà perché avanza nell'aria, quindi devo spingerlo sì, ma il modello deve facilitarmi il lavoro.

Quindi, se è utile avere molta potenza, è altrettanto utile (e furbo) evitare di sprecarla. Particolari poco curati, profili alari da scaldabagno e buchi sparsi qua e là a generare ostacoli all'avanzamento del modello non sono certo la strada migliore da percorrere.

☺ *La potenza è solo una delle componenti che rende un modello riuscito, cerchiamo sempre di ricordarlo. A volte basta chiudere il vano carrelli per conquistare una buona velocità. E per farlo bastano due pezzetti di compensatino da pochi centesimi e un pizzico di pazienza.*

Per fare i portelli dei carrelli basta un po' di pazienza e qualche centesimo di compensato.
(Courtesy SilentHunter user, RcGroups)

Un consiglio ai progettisti

Il segreto è solo uno: partire dalla ventola

Fino a ieri, per disegnare i tuoi modelli a elica sei partito dalle dimensioni desiderate e poi sceglievi motore ed elica. Con una ventola intubata può essere un errore. Conviene scegliere prima la ventola e poi cucirgli attorno il modello. Mentre su un modello a elica abbiamo una grande facilità nel reperire e montare motori ed eliche, su un ventolino abbiamo parecchie difficoltà a cambiare le cose.

Una volta scelto il diametro della ventola, non potremo passare facilmente a un altro. E se il motore si dimostra fiacco, non ci resta che smontare tutto e cambiare a suon di soldi motore, batterie e regolatore, cosa che non possiamo certo paragonare alla sostituzione di un'elica sul campo. Quindi, è bene farsi due conti di massima; innanzitutto pensare a una motorizzazione con una spinta a noi nota e poi cercare di disegnargli attorno un modello adatto.

Non è facilissimo, e non ho la pretesa di insegnarlo in questa sede, ma se disegni i tuoi modelli sai più o meno cosa pesa una determinata struttura e quanto rende un profilo. Tanto per fare un esempio a spanne, se hai deciso di fare un F86 per una ventola da 90 e un sempreverde profilo alare Clark Y, saprai che con sei celle potrai contare su due chili e mezzo di spinta e cercherai di disegnare e costruire un modello che ne pesi all'incirca tre in ordine di volo, quindi più o meno sul metro e 40 di apertura.

Upsize e downsize

In commercio c'è una vasta gamma di modelli pronti al volo. Naturalmente, si tratta di modelli che nascono dalla mano di modellisti più o meno famosi. Purtroppo non sempre si tratta di aeromodellisti esperti di ventole, e molte case fiutando l'affare si sono lanciate a capofitto nell'impresa di mettere in produzione un jet a ventola intubata.

A volte capita che il modello che ci piace proprio tanto sia stato disegnato più per compiacere il marketing che non in termini modellistici.

Così succede di vedere dei Panther velocissimi o magari degli F104 che somigliano a dei parkflyer. Un Aeromodellista (notare il maiuscolo) è un appassionato di aviazione, e ben saprà quindi che il Panther non era un supersonico. Se riportiamo in scala per realismo la velocità di volo, magari scopriamo che in scala 1:10 dovrebbe fare tipicamente non più di 70/80 km all'ora. Quindi, potrebbe presentarsi l'opportunità di sostituire la motorizzazione con una più leggera. O all'opposto, quell'F104 leggero e farfallone potrebbe volare più degnamente con qualche watt in più e una ventola più corposa. Nel primo caso non dovremo ripensare la struttura, che può solo beneficiare di un minor peso. Nel secondo, invece, dovremo tener presente che il modello non è stato progettato per le velocità che raggiungerà. Quindi andrà ragionato da un modellista esperto, che dovrà valutare se l'ala potrà reggere le maggiori accelerazioni o è destinata a spezzarsi in volo. Magari provando: basta caricarla di pesi, come si fa coi fullsize; l'ala di un modello da tre chili, accelerata a 10 g (quel che potrebbe incassare durante l'acrobazia più spinta) deve poter sopportare 30 kg; 10 bottiglie d'acqua da un litro e mezzo per semiala. Se l'ala non dovesse reggere, meglio scoprirlo in cantina che in volo.

☺ *Io ho motorizzato con due ventole da 70 mm e due pacchi da 4S-3200 un Mig 29 previsto all'origine per due ventole da 90 mm. Il risultato è stato di un rapporto spinta/peso superiore a 1:1 con un peso di ben 1,2 kg inferiore rispetto a quanto previsto dal costruttore. Con tutto quel che ne consegue per ciò che riguarda le caratteristiche (eccezionali) di volo lento tipiche anche del Mig 29 fullsize.*

Tralascio cosa significhi avere il 40% di peso in meno all'atterraggio! Ovviamente, ho anche risparmiato molto sui costi e sulla semplicità di installazione e gestione, per esempio ho potuto usare il Bec, cosa che mi ha evitato di pensare alle batterie della ricevente, il che non guasta.

Tutto ciò va tenuto presente se intendiamo disegnare e costruire il nostro jet. Riflettiamo bene sulle caratteristiche di volo che intendiamo ottenere. E teniamo presente, in caso di riproduzione, le caratteristiche di volo del vero velivolo che andiamo a riprodurre. Jet non significa necessariamente sempre e solo velocità.

Che bel profilo!

In caso di progettazione *ex novo* del modello, già in fase di impostazione di massima ci preoccuperemo di stabilire le prestazioni generali che ci aspettiamo dal nostro jet.

☺ *Tenendo presente che abbiamo a che fare spesso con corde generose, anche profili generalmente considerati "cattivi" possono ben figurare ai numeri di Reynolds che andremo ad affrontare.*

Il numero di Reynolds, che abbiamo già incontrato nelle primissime pagine di questo volume, semplificando molto possiamo dire che è un valore che ci dà un'idea delle condizioni di volo che il profilo alare dovrà affrontare. Il numero dipende da molti fattori che si moltiplicano tra loro. E uno di questi è la corda alare. Solitamente, numeri di Reynolds

VELOCITÀ DI SCALA

La velocità di scala non si può semplicemente ottenere dividendo la velocità dell'aereo originale per il fattore di scala di un aeromodello.
Secondo questo semplice ragionamento in un liner da un metro, come per esempio il Caravelle (scala circa 1/33), la velocità di scala non sarebbe nemmeno ipotizzabile: dovrebbe essere 25 km/h, ben sotto la velocità di stallo.
E se invece che un liner jet da 800 km/h fosse un Constellation a pistoni, la velocità di scala sarebbe meno di 10 km/h, con la quale a fatica si potrebbe far stare in aria un dirigibile.
In aeromodellismo si parla, dunque, di velocità di scala apparente, e segue la formula

v2= v1·radice quadrata(1/r)

dove v2=velocità di scala apparente
v1=velocità di quello vero
r=fattore di riduzione

Quindi, assumendo la velocità di crociera del Caravelle vero 800 Km/H, la velocità di scala è:

v2=800*radice quadrata(1/33)

Si ottengono circa 140 km/h; molto impegnativa, ma meno assurda dei 25 km/h scarsi che otterremo dividendo semplicemente 800 per 33.

bassi portano a una scarsa resa dei profili e a comportamenti nervosi in prestallo. Aumentando la corda innalziamo molto questo numero, allontanando il profilo dalla zona critica, quella dove avvengono fenomeni aerodinamici deleteri. Il che giustifica la resa di gran lunga maggiore dei profili alari dei fullsize e la necessità di avere spinte proporzionalmente superiori sui nostri modelli rispetto ai velivoli in scala 1/1. In soldoni, dato che spesso i jet hanno delle generose corde alari e alta velocità di volo, potremo prendere in considerazione anche profili che in altre categorie del modellismo vengono considerati performanti ma anche molto critici e che per questo sono spesso accantonati o utilizzati in modelli particolari destinati a pollici di qualità. Ovviamente, non sarà il caso di utilizzare profili molto penetranti in modelli dalle caratteristiche riproduttive calme, come i liner e alcuni caccia subsonici. In questi casi meglio andare a pescare nella tradizione. Persino il buon vecchio Clark Y può fare bella figura.

Zero lift line

6.0   3.5

Uno splendido XB-47 autocostruito. Le ali hanno il buon, vecchio profilo Clark Y (in alto), che non è certo adatto a correre.
(Courtesy Ray Cannon)

Il futuro è già qui

Fortunatamente il futuro è futuro e solo il cielo sa dove arriveremo. Il bello è scoprirlo man mano che si avvicina

È certo che, mentre per tutte le altre branche del modellismo il futuro può prevedere soltanto affinamenti graduali delle tecniche, nel campo delle ventole intubate e del volo elettrico in generale assisteremo a delle vere e proprie rivoluzioni, soprattutto quando si parla di batterie.

☺ *Non ci saranno rivoluzioni per motori e regolatori (sostanzialmente impossibile e quasi inutile oltrepassare il 90% di efficienza già raggiunto) ma assisteremo a progressi enormi nel campo delle batterie.*

Già oggi le prestazioni sono molto vicine a quelle delle turbine, e non è difficile immaginare che se dovesse esserci una rivoluzione nelle batterie simile a quella vista nel passaggio dalle nimh/nicd alle Lipo, il livello di potenza supererà, e di gran lunga, quello dei jet a turbina. E questo ci dà un'idea della convenienza che abbiamo nell'investire tempo e denaro in questa branca del nostro hobby: quando il futuro arriverà ci troverà pronti a godercelo.

Il futuro prossimo prevede comunque delle belle novità. Il vettoriale per esempio, che ci consente di dirigere la spinta generata dall'efflusso dell'aria nella direzione che più ci aggrada, permettendoci così un inviluppo di volo inaspettato e inconsueto.

☺ *Anche i materiali e le ventole stanno conoscendo un progresso quasi giornaliero. Comincia ad affacciarsi finalmente l'alluminio nella costruzione non solo dei corpi ventola ma anche delle giranti.*

Si tratta di un mio vecchio pallino che finalmente si dimostra nella sua efficienza. Le leghe di alluminio sono dimensionalmente adattissime all'uso nelle ventole data la bassa deformabilità del materiale. I primi esperimenti hanno dato luogo a spinte dell'ordine dei tre chili su una ventola di soli 67 mm e di quasi sei in un prototipo da 90. Valori enormi, quasi irragiungibili con altri materiali. Questo è dovuto a vari fattori: l'alluminio permette di realizzare le giranti partendo dal pieno, il che significa una grande omogeneità del materiale e, quindi, un bilanciamento dinamico molto accurato. Con grandi vantaggi in termini di rumore, prestazioni e durata dei cuscinetti. La fresatura dal pieno effettuata con macchine a controllo numerico consente di realizzare profili sottili dall'andamento variegato, cosa non permessa dalla plastica o dai compositi per limiti di resistenza o lavorazione.

La bassa deformazione sotto forza centrifuga produce al minimo il gap tra palette e condotto, rendendo quasi impercettibili gli effetti sonori e le turbolenze d'estremità.

☺ *Se abbiamo prestazioni simili a una turbina è bene che la ventola abbia una struttura simile a quella turbina, e non si vedono facilmente turbine in plastica o compositi.*

Un altro vantaggio del metallo è che un motore inrunner può trasmettere il proprio calore a tutta la struttura, che si trasforma per l'occasione in un potente radiatore: una peculiarità che ci offre la possibilità di sfruttare ancor di più i nostri motori senza rovinarli.

Comunque vada, plastiche e compositi manterranno ancora a lungo la loro utilità: nessuno ci impone spinte strabilianti. In ogni caso quella dell'alluminio non è certo una rivoluzione, è solo una possibilità in più che ci viene offerta quando si tratta di mettere in aria un modello di valore, soprattutto se è una bella riproduzione.

Giranti controrotanti

È vero che una ventola intubata non risente di quella forza che invece è ben sensibile sugli aerei a elica, e tende a piegare il modello dalla parte opposta al senso di rotazione dell'elica? Che sia un'elica o una ventola, le masse in rotazione hanno sempre lo stesso effetto: tendono a mantenere la direzione del moto e, variando l'assetto, saremo soggetti al fenomeno fisico denominato precessione, seppur in misura assai ridotta rispetto alla solita elica di riferimento. Nel volo veloce, la precessione si sente ben poco, e ha un minimo impatto solamente durante le manovre che prevedono repentini cambi di assetto sull'asse del "cabra": in questi casi l'effetto di precessione (che si presenta come una forza applicata a 90 gradi rispetto all'asse di rotazione) può dar luogo a lievi disallineamenti di traiettoria. Per mitigare il già basso impatto di questo fenomeno si stanno sperimentando dei sistemi bimotori controrotanti. Ma non farei baldoria per questa innovazione, non è affatto necessaria sulla stragrande maggioranza dei modelli di jet, ha una sua utilità unicamente sui modelli vettoriali (sempre più diffusi) destinati a un volo molto simile al 3D, per esempio Mig 29 Ovt e Sukoi Su35.

Sui modelli a elica, come dicevamo, l'effetto è molto più sentito, e si palesa di più se le eliche sono grosse (grosse masse in rotazione) con uno spostamento laterale della coda, che dovrebbe essere compensato usando il direzionale per mantenere l'assetto durante le brusche richiamate.

Una coppia di edf controrotanti.
(Courtesy RCLander)

Il vettoriale

È una delle ultime ricercatezze tecnologiche adottate dai caccia di ultima generazione per fregare il nemico. F22 Pakfa, Mig29 Ovt e Sukoi Su35/37 sono tra gli esponenti di questa generazione ipermanovrabile, e a quanto pare nessun caccia (vero) futuro farà a meno di questo gadget.

Il gioco consiste nel veicolare la spinta a piacimento; in questo modo, il caccia può volare e soprattutto essere controllato esclusivamente grazie ai motori, anche se si trova in stallo aerodinamico. In altre parole, può rimanere "appeso" all'aria quasi come un elicottero.

Come era facile immaginare, i modellisti sono rimasti affascinati da questa tecnologia e l'hanno applicata ai loro modelli. In commercio esistono ugelli di scarico snodati in plastica e alluminio che possono variare ampiamente il vettore di spinta generato dall'aria espulsa dalla ventola. Si tratta però di una complicazione per la radio e di un aggravio di peso, dato che dovremo miscelare i servocomandi aggiuntivi che muovono il cono di scarico. Raccomando in questo caso l'uso di batterie separate per l'alimentazione della radio dato l'alto consumo dei numerosi servocomandi. Il risultato finale sarà quello di avere manovrabilità anche dopo lo stallo, ovvero in tutti quegli assetti che non consentono più di governare il modello con le superfici aerodinamiche classiche. Proprio come sul jet vero, insomma.

☹ *Attenzione: il modello può assumere una prontezza ai comandi tale da innescare quel fenomeno chiamato PIO ovvero pilot induced oscillation. In buona sostanza il pilota, essendo più lento dei comandi, diventa l'anello debole della catena inducendo con i suoi interventi ritardati una instabilità irreversibile.*

Sostanzialmente, il pilota si trova a dare comando in ritardo a causa dei tempi di reazione, e quindi finisce per dare comando a sfavore, cerca di recuperare ma peggiora le cose, innescando una specie di flutter comandato a bassa frequenza. Per evitarlo, basta avere un interruttore sulla radio che attivi il vettoriale a comando. Potremo utilizzarlo per le figure a bassissima velocità per poi disattivarlo durante il volo veloce, un po' come si fa per il dual rate. Anzi, potremmo attivarlo proprio con l'interruttore del dual rate, nella configurazione che ci dà la massima escursione delle superfici. Per la corretta installazione del sistema vettorabile, si rimanda alle istruzioni del produttore. Non ci sono poi molti consigli da dare in merito oltre a quello generico di evitare le offerte troppo economiche che possono dar luogo a "grippaggi" assolutamente nefasti: un bocchettone vettorabile bloccato ci costringe a tagliare del tutto il motore per riconquistare il controllo del modello.

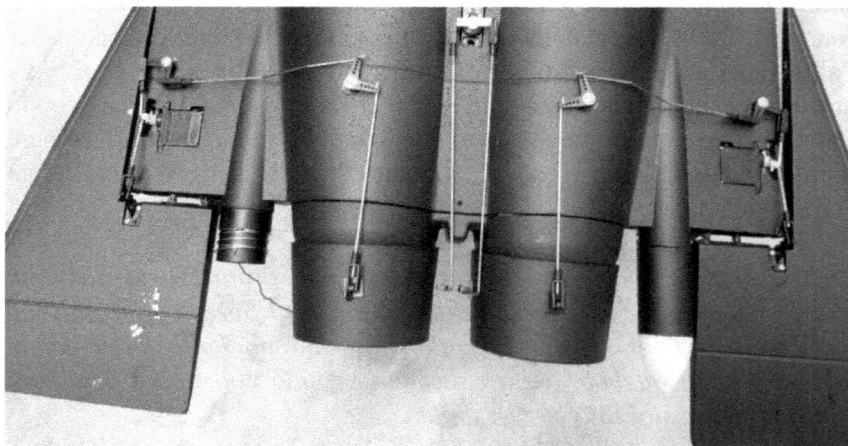

Un interessante sistema di spinta vettorabile.
(Courtesy www.extremehobby.com.au)

PARTE SETTIMA

TIPS & TRICKS

Carrelli

Un jet, se di tipo riproduttivo, decolla da pista. Non ci sono santi. Il decollo è un momento di realismo al quale non si rinuncia facilmente. Ma un jet ha anche un'esigenza primaria: non deve esibire in volo un carrello estratto, quindi i retrattili si impongono. In commercio ci sono tre tipi di meccaniche diverse: pneumatico, con meccanica servoless (senza servo ma proporzionale) e con servo dedicato, i cosiddetti servi "meccanici".

☺ *Si va affermando sempre più il tipo "servoless", il più facile da installare, visto che non richiede tubi in pressione o aste rigide di comando, ma solo un cavo elettrico identico a quello dei normali servi.*

La semplicità dei carrelli servoless.

Per azionarli solitamente si utilizza un cavetto con tre pin, comandato da un interruttore sul trasmettitore, esattamente come se fosse un servo. Se si hanno a disposizione molti canali, si può combinare il comando per fare in modo che la retrazione avvenga in modo asincrono, simulando così la retrazione del fullsize da riprodurre.

Man mano vanno declinando le installazioni pneumatiche, più complesse da realizzare e da gestire durante il montaggio del modello al campo. Data la sua natura, la retrazione pneumatica è meno gestibile sul piano del realismo: il movimento, anche se mitigato dalle valvole, resta veloce e improvviso. Se la pressione cala, la retrazione potrebbe non avvenire, mentre l'estensione è sempre garantita da una molla (alla peggio non si chiude, ma non ci costringerà ad atterrare sulla pancia). Oltretutto, bisogna mettere in pressione l'impianto a ogni volo, per cui vengono sempre meno utilizzati perché meno pratici degli altri sistemi.

Quasi del tutto abbandonata, ma abbastanza valida, la retrazione meccanica tramite servo che, da un lato, assicura un realismo simile al sistema servoless, dall'altro costringe all'utilizzo di servocomandi spesso non progettati per l'utilizzo gravoso che andranno ad affrontare, visto che i servi specifici per carrelli retrattili sono sovente troppo grossi e pesanti.

Se non fosse per il piacere del decollo e dell'atterraggio, l'aeromodellista razionale rinuncerebbe ai retrattili: pesano, costano, sono delicati e ci vuol tempo per installarli e metterli a punto. Oltretutto il loro alloggiamento spesso indebolisce l'ala o la struttura della fusoliera. Come fare a convivere con queste problematiche senza farci troppo male?

Spesso mi capita di vedere modelli con retrattili mal installati e scarsamente ragionati: modelli alti come trampolieri disturbano il realismo e la solidità. I jet hanno una fortuna, che è quella di non avere il disco dell'elica che ci costringe a tenere il muso ben sollevato da terra. Approfittiamone e sfruttiamo questa caratteristica a nostro favore. La fisica e la geometria ci insegnano che avendo un fulcro con una leva adeguata si può sollevare il mondo. Lo stesso avviene con i nostri ben più modesti carrelli. Una gamba lunga è una leva potente, e le lunghe leve ci costringono ad avere carrelli molto robusti montati su supporti altrettanto solidi; tutto questo solo per avere una elevata altezza da terra che magari non è neppure compatibile con l'estetica del fullsize che intendiamo riprodurre. Quindi, basterà accorciare (nei limiti del buonsenso) le gambe dei carrelli per godere di bracci di leva meno importanti. Ne beneficeremo in peso, oltre che in robustezza. E anche la struttura ne godrà, in quanto i vani destinati ad accogliere la ruota retratta saranno più corti e meno invasivi; specie in presenza di carrelli alari non coperti da pannelli, migliorerà anche l'aerodinamica.

Spesso si legge di carrelli delicati e di attacchi che cedono. Accorcia le gambe e la vita ti sorriderà. Se proprio hai paura di strusciare in atterraggio, metti su un pattinino in coda e due alle estremità alari.

L'assetto del modello sui carrelli influenza, ben più che sui modelli a elica, il decollo e il rullaggio a terra. L'elevatore alle basse velocità è poco efficiente, data l'assenza del flusso dell'elica, e spesso si deve oltrepassare la velocità di decollo per avere l'autorità di comando necessaria a far ruotare il modello e decollare.

Va da sé che i carrelli non debbono caricare troppo il ruotino anteriore se vogliamo decollare a velocità umane. Non solo il decollo ne beneficia, ma anche il controllo a terra: caricando poco il ruotino potremo conservare una buona escursione sapendo che in velocità lo scarso carico applicato alla ruota addolcirà il comando. Un aspetto spesso poco considerato dall'aeromodellista, ma si può capire: parliamo quasi più di automodellismo. Però avere un carrello ben settato ci consente di decollare in modo lineare e realistico, e non strappando di botto il modello per aria come spesso si vede. Facciamo pure attenzione al posizionamento del carrello principale rispetto al baricentro: se è troppo arretrato avremo un'ottima automobilina dallo sterzo preciso, ma non certo un carrello adatto ad un aereo. Per risolvere decolli lunghi e lavorati, spesso basta uno spessorino di pochi decimi di millimetro montato su un solo lato dell'attacco, quel tanto che inclini leggermente in avanti le gambe del carrello principale. Non sarà bellissimo, ma se non partecipi a gare di riproduzioni sono certo che non lo noterà nessuno e non dovrai sventrare un'ala per avanzare i carrelli. Sempre meglio questo che una lunga gamba anteriore che faciliti il decollo dico io, in fin dei conti un grado di inclinazione in avanti neppure si nota e può essere sufficiente a cambiare la faccia al nostro decollo

Condotti

Un buon condotto di scarico può essere realizzato con pochi mezzi. Basta un foglio di mylar o un comune foglio di plastica trasparente di quelli usati per le copertine delle rilegatura a spirale. Lo trovate in cartoleria o nelle copisterie, in vari formati e per pochi centesimi. A disegnare per voi il layout ci penseranno i programmini gratuiti che potete reperire sul web a questi indirizzi:

http://www.scalerockets.com/nosedesigner.html
http://www.pulserate.com/index.php?content=download

Potrete fornire ai programmi le dimensioni e le forme volute e stampare il disegno, anche direttamente su trasparente per laser o ink jet. Un buon paio di forbici farà il resto.

Nel determinare il diametro, prevedete un mezzo centimetro di sovrapposizione dei lembi del foglio: se per esempio abbiamo un diametro esterno della ventola di 92 mm diciamo al programma che vogliamo un cono di 97 mm, stessa cosa per il diametro di uscita. Colla e nastro rinforzato in fibra di vetro terranno assieme il tutto.

Quando scocca la "scintilla"

Ogni volta che colleghiamo le batterie al regolatore scocca una scintilla, tanto più forte quanto più importante è il voltaggio e la potenza dell'impianto motore. Questa scintilla ha il pessimo vizio di deteriorare i connettori, costringendo alla sostituzione frequente degli stessi. Se proprio non hai voglia di installare un circuitino ad hoc (ti capisco, ormai di ammennicoli da installare ne abbiamo fin sopra i capelli), puoi usare un mio vecchio trucco: in pratica si tratta di far toccare "di testa" i connettori, evitando di inserirli brutalmente. Questo fa sì che la superficie di contatto sia quella non utilizzata in seguito per il passaggio della corrente. In pratica, si "bruceranno" solo le teste dei connettori lasciando intatte le superfici interne. Dato che la superficie di contatto è minima, quindi c'è un po' più di resistenza elettrica, anche il regolatore soffrirà meno dell'improvvisa alimentazione. Si tratta di un consiglio valido per tutti gli aeromodelli elettrici di una certa potenza, non solo per le ventole.

Appena stabilito il contatto " di testa" e udito la scintilla (più lieve data la resistenza) si farà scivolare nella sua sede il connettore. Per consumare un connettore in questo modo impiegherai anni, e la sua superficie interna rimarrà perfetta. Stiamo parlando dei classici connettori a banana, i miei preferiti. E adesso sai anche il perché.

Termoretaibile sbruciacchiato

Avrai notato che, quando scaldi il termoretraibile per isolare un contatto con l'accendino, questo diventa scuro. È la fuliggine contenuta nel butano del tuo accendino. Invece che con l'accendino, scalda il termoretraibile col fornello della cucina o con una pistola ad aria calda, vedrai che resta bello come nuovo, non serve a nulla ma anche l'occhio vuole la sua parte.

Da anatroccolo a cigno con pochi cent

Hai costruito il modello, sei soddisfatto, magari vola proprio come dici tu. Ecco, è ora di trasformarlo in qualcosa di diverso da quello che comprerà o farà il tuo amico, che vedendolo volare ha deciso di farselo pure lui. Si sa il modellista è vanitoso, e come le donne mal sopportano la vista del loro vestito addosso a un'altra, così l'aeromodellista mal sopporta un modello uguale al suo. Il web in questo è di immenso aiuto, per cui immetti in "San Google" il nome esatto dell'aereo che stai riproducendo, seleziona immagini e clicca l'opzione "grandi". Esaminando dettagliatamente e minuziosamente scoprirai tanti particolari che mancano al tuo modello. Non si tratta di fare grandi cose, ma solo di aggiungere quei pochi accessori che trasformano un panzerotto vagamente somigliante in un modello un po' più ricercato. Basta per esempio dotarsi di compensato da 0,4 mm, di qualche stuzzicadenti e di un po' di vernice da modellismo statico per ritagliare e costruire antenne, sonde per il rifornimento in volo, prese naca e alette. I riproduzionisti seri lo chiamano "fare il presepio", ma sono tutte cose che, se montate con precisione e pazienza, conferiranno al tuo modello un'aria decisamente più curata e veritiera. Per esempio, le antenne vhf sono spesso dei semplici triangolini da ritagliare con le forbici dal compensato da 0,4 mm, e le sonde per il rifornimento puoi ricavarle da compensato da 1 mm rinforzato col rowing di carbonio. Ci spenderai su qualche cent e un paio di piacevoli ore del tuo lavoro, ma il risultato è sicuramente diverso. Un tubo di pitot può esser ricavato da una vecchia penna biro ed una antenna da una sottile barra di carbonio di quelle usate per rinforzare i gommoli.

Grammi spesi bene

Il web è utile anche per cercare livree rare e magari più visibili di quella di fabbrica. E se al nome dell'aereo aggiungete "cockpit", potrete forse trovare anche delle foto dei pannelli strumenti da scalare e stampare per poi applicarle all'interno dell'abitacolo con un po' di colla da cartoleria.

S'è graffiato lo schiumone

Una grossa parte dei modelli a ventola economici è fatto in polistirolo o epo (un polistirolo più elastico e solido). Non sono bellissimi, ma sono diffusi e costano la metà di quelli in fibra o materiali tradizionali. Purtroppo la natura stessa del materiale usato per la costruzione presenta una superficie cedevole e quindi per irrobustirli c'è chi ricorre alla fibratura in fibra di vetro leggera. Tuttavia si tratta di un procedimento piuttosto laborioso e richiede mano sapiente. Anche le eventuali verniciature andranno rifatte, per cui molti lo evitano e si tengono il loro bravo schiumino così com'è, rassegnandosi a vederlo deteriorare in breve tempo. Ma è possibile irrobustire lievemente le superfici e le verniciature utilizzando un metodo facile, economico e veloce da applicare.

Si tratta di passare sulle superfici una mano di vernice all'acqua trasparente per parquet. È pienamemente compatibile col polistirolo, e rende le verniciature un filo più resistenti. Il che regalerà al prezzo di pochi grammi e pochi cent una vita non eterna, ma sicuramente più lunga, al nostro pur piccolo investimento.

Data la natura di questa vernice (nata per il calpestio) si può tranquillamente dare a pennello senza badare troppo alla stesura. Asciugandosi si equalizzerà da sola superficie e non si noteranno pennellate. Per avere un risultato decente è bene dare almeno tre mani leggere al modello. Non serve diluirla e si trova nei brico a un prezzo che è solo apparentemente elevato, infatti con un chilo di vernice vernicerremo modelli per i prossimi anni. Ovviamente non è strutturale, si tratta solo di rendere il modello un pochino più resistente alle unghiate e ai graffi.

☹ *Attenzione, verniciando è facile incollare le parti mobili, o per lo meno renderle troppo rigide. Prima di passare la vernice per parquet, le parti mobili vanno staccate o per lo meno protette bene dalla vernice.*

La fibra invece è strutturale e trasforma lo schiumone in una specie di carro armato. Si tratta di rivestire i modelli in polistirolo con tessuto in vetro da 18 o 25 g/mq. L'aggravio di peso non è eccessivo, va infatti tenuto presente che la resina che utilizzeremo per impregnare un tessuto normalmente pesa come il tessuto stesso, per cui se utilizziamo un velo da 18 g/mq aggiungeremo complessivamente solo 36 g/mq.

La superficie dopo la fibratura andrà stuccata e levigata con abbondante condimento di olio di gomito finissimo usato con sapienza.

Di seguito diamo qualche indicazione di massima. Una buona guida alla fibratura può essere reperita su www.jepe.org.

Fibrare un modello di espanso

È sempre più difficile incontrare modellisti che hanno la voglia, il tempo e lo spazio per costruire. E questo è un peccato perché la costruzione è uno dei piaceri principali di un aeromodellista. Uno dei "piaceri del laboratorio" consiste nella finitura: un'arte che può tornare comoda per chi si appresta a sbarcare sulla terra dei jet.

Uno dei difetti principali di molti schiumini e schiumoni asiatici è la delicatezza delle superfici in espanso: in breve tempo il nostro modello degraderà esteticamente, se non strutturalmente. Un modo per rendere un po' più duraturi questi modelli c'è. Si chiama laminazione, o fibratura, per via del fatto che si riveste in fibra di vetro.

Il polistirolo usato per questi modelli, avendo necessità strutturali, è solitamente più denso di quello utilizzato per la realizzazione di ali e carenature nei modelli classici, quindi è sufficiente una copertura in tessuto di vetro molto leggero. L'aggravio di peso va calcolato in base alla grammatura moltiplicata per due, per esempio se copriremo il modello con della fibra da 25 g/mq una volta aggiunta la resina epossidica al tessuto avremo un aggravio di peso di 50 g/mq di copertura. Grammo più, grammo meno, anche la mano può influire. Date le masse in gioco, man mano che cresce il peso del modello cresce l'indicazione alla copertura in fibra: un modellino di tre etti difficilmente si graffia in atterraggio perché si ferma subito. Un bestione di tre chili e passa no.

Cosa mi serve per fibrare?

1. Tessuto in fibra di vetro da 18, 25 o 40 gmq (utilizzare la 40 sotto la pancia dei modelli da lancio a mano e quelli senza carrelli);
2. Resina epossidica per laminazione con catalizzazione non troppo veloce;
3. Pennello piatto di buona qualità (non deve perdersi le setole)
4. Un barattolino per la resina;
5. Carta vetro 400/600/800;
6. Forbici per il taglio del tessuto.

Prima di procedere alla copertura in fibra è necessario carteggiare accuratamente il modello per rimuovere le tracce di stampo oltre allo strato di vernice (se presente). Si parte con la grana più grossa e si finisce con la carta più sottile. Il tutto va fatto a modello montato, ma con le parti mobili ancora libere.

Una volta ripulite perbene le superfici si passa alla stuccatura che può avvenire con appositi stucchi leggeri reperibili presso i migliori negozi.quindi si carteggia nuovamente per sistemare bene le superfici stuccate.

Adesso arriva il clou, si tratta di preparare le "pezze" ritagliate nelle giuste dimensioni a seconda dell'area che dobbiamo ricoprire. Dopodiché si fa una prova a secco per vedere se tutto combacia.

A questo punto prepareremo la resina epossidica, rispettando con cura le proporzioni indicate dal produttore. Il pennello piatto che ci saremo procurati va immerso nella resina e poi quasi asciugato sul bordo del barattolo. Lo passeremo sulle superfici da rivestire con un passaggio quasi leggero (insomma non con la mano pesante ecco), del resto non si tratta di caramellare un modello ma di rivestirlo, il tessuto non aderisce al buco ma solo alla superficie del polistirolo.

Una volta steso il leggero strato di epossidica, si può adagiare con cura il tessuto sul pezzo, facendolo aderire col pennello che man mano andrà "rifornito" di resina. Tieni presente che un tessuto ben imbevuto di resina cambia colore senza diventare propriamente lucido.

Occhio a temperatura e umidità dell'aria: il caldo rende più fluida la resina, l'umidità la fa catalizzare male, per cui cerca di lavorare durante una giornata calda e asciutta. Se la resina è troppo densa, puoi fluidificarla con l'aiuto di un phon per capelli.

A catalisi avvenuta, potrai rifinire i pezzi con carta vetro sottile e acqua ed eventualmente stucco bicomponente, o comunque adatto alla fibra. Il mio consiglio è fare qualche prova su polistirolo di scarto. Una volta che avrai compreso come funziona la faccenda, potrai ripetere l'operazione sul modello senza rischiare di fare un pastrocchio. Certe cose si fa prima a farle che a descriverle, la pratica è sempre una grande maestra.

La successiva verniciatura va effettuata sempre con vernici adatte al polistirolo; infatti anche se ora sostanzialmente siamo davanti ad un modello in fibra, non è detto che la copertura sia stagna ovunque. Basta che ci sia un forellino per combinare un guaio. E stai sicuro che se c'è un forellino la vernice lo trova e ti squaglia il modello, e mentre lo dico Murphy è li che annuisce. Per le decal, se erano già applicate e le hai dovute rimuovere non ti resta che ricomprarle (se possibile) o rifarle con l'aiuto di un programma di disegno e poi stampale su supporti plastici adesivi, meglio se laser a colori. Se non ce l'hai hai, la paginetta puoi fartela stampare in una copisteria ben attrezzata con poca spesa. Se invece stampi a getto d'inchiostro, visto che i pigmenti sono solubili in acqua dovrai proteggere le decal, magari con lacca adesiva per decoupage.

La fibratura è lunga e per certi versi noiosa, però ci consente di cavar fuori un cigno da un anatroccolo. E devi anche considerare che puoi ottenere un modello robusto e leggero come un tuttofibra al prezzo di uno schiumone, praticamente un quarto del costo; del resto nella vita o si hanno i soldi oppure ci si ingegna, nessuno ti regala mai nulla.

PARTE OTTAVA

FAQ

Mediamente faccio 4 o 5 voli in una settimana. Cosa mi conviene fare, investire in molti pacchi batterie oppure in un solo caricabatterie potente che ricarichi velocemente il pacco?

Dal punto di vista economico, va considerato che qualsiasi batteria ha una sua vita operativa che prevede un certo numero di cicli utili prima che le sue prestazioni decadano sensibilmente. Per cui ogni volo di fatto ci costa un tot a prescindere dal fatto che tu la ricarichi a casa o al campo: quel che conta è il numero di cicli.

Comprando una batteria, di fatto compri un tot di voli, diciamo una quarantina, dopo di che dovrai sostituire la batteria (numeri a caso, tanto per capirci). Comprando 4 pacchi compri un "abbonamento" per 160 voli, quindi se i 160 voli li fai, prima o poi dovrai comunque comprare 4 pacchi, sia che tu ricarichi al campo sia a casa, non c'è scampo. In quest'ottica il super-caricabatterie da un chilowatt è costoso, ingombrante e inutile, perché se ricarichi a casa lentamente (il che è sempre consigliabile anche con batterie moderne) rischi di usarlo né più né meno come faresti con un carichino da 100 watt (a carica lenta) e, avendo parecchi pacchi, puoi permetterti di caricare anche lentamente al campo, mettendo in ricarica il pacco utilizzato nel primo volo del giorno mentre consumi gli altri. Inoltre, con una carica veloce magari a batterie ancora calde rischi di ridurre lievemente la vita utile delle batterie.

Insomma, i soldi in batterie li devi necessariamente spendere prima o poi, se vuoi volare. Quelli sul caricabatterie sono sostanzialmente facoltativi, perché se la domenica ti porti dietro il tuo corposo parco Lipo non è necessario caricarle sul posto, quantomeno non di fretta. A quel punto basta un onesto caricabatterie piuttosto economico. E non devi neppure procurarti a suon di denaro una centrale elettrica da passeggio per alimentare il "mostro".

Tutto ciò presuppone che tu ti dedichi ad una tipologia ben precisa di modelli che abbiano un certo standard. Altrimrentu se (speriamo non succeda) rompi l'unico modello che utilizza quei pacchi, rischi di tenerli lì a far la muffa per un bel pezzo. La qual cosa ti costringe all'uso di modelli che usino quelle batterie o multipli di esse, come i modelli in 6S 5000 per ventole da 90 mm o 12 S 5000 per i bestioni da 120 mm.

In pratica, il tuo investimento ti lega a un paio di standard, ma ti risparmi l'acquisto di un super carichino e non corri il rischio di non volare domenica perché il tuo unico pacco è andato, dato che ne hai altri tre o quattro. Il lato pratico è meno allegro. Se per esempio carichi a casa quattro pacchi, nel caso in cui per un problema (per esempio diluvia) non puoi più andare a volare, dovrai rimettere in storage quei pacchi scaricandoli, ed è una faccenda noiosa. Anche la carica è un bell'impegno: e si comincia il venerdì, dato che dovrai caricarne un bel po'.

Insomma, come direbbe monsieur de la palisse sarebbe meglio avere sia i pacchi sia il super-cb. Però se guardi per prima cosa al risparmio, meglio investire in celle, dato che quelle volano e devi per forza comperarle. Tutto il discorso si applica a modelli dalle dimensioni generose dove la ricarica risulta impegnativa. Per i modelli fino alla classe 70 il problema è molto meno sentito, in quanto basta anche un caricabatterie economico e la sorgente di energia può tranquillamente essere la batteria della macchina.

Il mio modello è veloce ma decolla a fatica e stacca all'improvviso. Come posso facilitarne il decollo?

Un jet è un aereo, e un aereo ha un suo centro di gravità in volo che non corrisponde al centro di gravità del carrello. In pratica, si tratta di armonizzare le due cose.

Per prima cosa bisogna centrare bene il modello in volo. Una volta sicuri del corretto centraggio di volo, ci occuperemo il carrello. Nel farlo dobbiamo tenere a mente il fatto che un carrello posteriore (qui trattiamo carrelli tricicli perché di jet bicicli ce ne sono, ma sono rari) più è arretrato e più carica il ruotino anteriore. Il tutto porta ad una maggiore quantità di depressione da parte del piano di quota per poter alzare il ruotino anteriore ed effettuare la rotazione che permette il decollo. Va da sé che la deportanza esercitabile da parte del piano di quota (che è pur sempre un'ala) è proporzionale alla velocità rispetto all'aria, quindi è ovvio che tanto maggiore è la pressione che il piano di quota deve esercitare per alzare il ruotino anteriore tanto maggiore sarà la velocità che il modello dovrà avere.

Quindi, per abbassare la velocità di rotazione di un modello che vuol correre un po' troppo per decollare, basta avanzare leggermente il carrello posteriore verso il muso, anche un centimetro può risolvere le cose. Tutto ciò è valido per qualsiasi modello, anche con propulsione a elica. Ma su un jet questa regolazione assume una maggiore importanza dato che, mancando il flusso dell'elica sui piani di coda alle basse velocità, abbiamo un po' meno autorità di comando.

Attenzione a non cadere nell'errore di avanzare troppo il baricentro del carrello, potremmo pagare la facilità di decollo con altrettanta facilità di rimbalzo. Un carrello anteriore troppo poco caricato restituisce facilmente un colpo al muso che può alzarsi rimettendo in aria il modello, come sempre si tratta di trovare il giusto compromesso.

Un altro trucco per un decollo dolce è abbassare il carrello posteriore. La cosa ha un senso specialmente sui delta e si tutt'ala, dove il cabra è ancor più sordo alle basse velocità. Si può anche alzare il carrello anteriore, ma tra allungare e accorciare un carrello è sempre preferibile accorciare. Perché una leva corta rende più robusta la gamba e meno fragile l'attacco per il noto, ma spesso dimenticato, principio della leva.

Quando provo a serrare il dado della girante la ventola gira e non riesco a stringerla, c'è un rimedio?

Un trucco potrebbe essere quello di mettere una micro goccia di ciano-acrilato sulla base della girante, poi metti su la ventola e accosta leggermente. Quindi, attendi che la colla faccia presa, la girante non scivolerà più sul mozzo e potrai stringere a volontà. In caso di smontaggio un colpetto deciso scollerà la girante dal mozzo. Prima però bilancia bene il tutto, mi raccomando.

Quanto devono essere lunghi i condotti?

Risposta semplice e un po' laconica: il meno possibile. Un condotto ruba sempre energia al flusso d'aria a causa dell'attrito del gas contro le pareti, per cui meno ce n'è meglio è. Compatibilmente, come è ovvio, con le esigenze del modello: sarebbe inutile posizionare la ventola per la resa ottimale se poi dobbiamo per esempio aggiungere peso per ottenere il centraggio.

Ho provato la ventola al banco, perché non spinge come sperato?

L'errore più comune consiste nel mancato montaggio di un labbro o di un condotto di ingresso. Una ventola può perdere in efficienza anche il 30% in assenza di una adeguata appendice aerodinamica; è sbagliato considerare marginale l'importanza di una buona alimentazione della ventola. La realtà dimostra invece che è molto più importante l'ingresso dello scarico, quindi ripeti la prova con una adeguata presa d'aria e vedrai che i valori si normalizzeranno. Se proprio non vuoi costruirla per la sola prova al banco monta direttamente il gruppo ventola nel modello, tanto li dovrà lavorare.

Come posso provare la spinta di un modello montato?

Le strade sono due: la prima da utilizzare sui modelli dotati di carrello prevede l'uso di un dinamometro, se ne trovano in commercio di economici. La seconda, molto empirica, prevede l'uso di una bilancia da casa: si appoggia il modello, si fa la tara e dato che non c'è un'elica sul naso si da gas senza paura.

Non sono metodi scientifici perché le misurazioni sono suscettibili di errori dovuti ad attriti e altro, ma un modello viene portato in volo dalla pratica non dalla precisione con cui abbiamo misurato la spinta, anche avendo a disposizione dei numeri approssimati potrai comunque renderti conto della resa del sistema completo.

Dopo un minuto di volo il motore si ferma. Una volta a terra pare funzionare tutto perfettamente, da cosa può dipendere?

Le variabili fondamentali per il funzionamento del tuo motore sono tre: motore, regolatore e batterie. Il motore è quasi sempre da escludere, o funziona oppure si rompe e non va più del tutto. Restano da prendere in considerazione batterie e regolatore.

Le batterie di un modello a ventola sono più sfruttate rispetto a quelle di un modello a elica, e in volo l'assorbimento può anche salire invece di calare. Per cui può darsi che per il freddo, o per l'uso di celle sottodimensionate o "stanche", il regolatore tagli il motore a causa del raggiungimento della soglia minima di cutoff, che altro non è che la soglia sotto la quale le celle si rovinano. Per capire se il problema è nelle batterie, hai due strade: provare come è logico un altro pacco, oppure abbassare momentaneamente la soglia di cutoff sul regolatore. Se effettuando una di queste due operazioni funziona tutto, sai che il problema è dovuto all'alimentazione del motore: non ti resta che sostituire il pacco, magari montandone uno di maggior capacita. Mi raccomando, la soglia di cutoff va ridotta solo al fine di comprendere la natura del problema, una volta risolto deve essere riportata almeno a 3 volt.

Un altro fattore che può determinare il taglio del gas in volo è la temperatura del regolatore, altro componente elettronico stressato nei jet. Molti modelli di regolatore sono dotati di una protezione da sovratemperatura, per cui se non hai predisposto un adeguato raffreddamento la temperatura può salire al livello di guardia, provocando l'intervento della protezione con l'immediato spegnimento del motore. In questo caso non resta che dare al regolatore il raffreddamento di cui ha bisogno. Puoi posizionarlo eventualmente davanti o dietro alla ventola per approfittare del suo potente flusso, oppure praticare delle adeguate aperture in fusoliera.

Mi raccomando, se metti il regolatore in fusoliera non soffermarti nelle prove da fermo, in quanto manca qualsiasi flusso d'aria dovuto al movimento dell'aereo.

Una volta a terra tutto riprende a funzionare perché durante l'atterraggio conseguente allo spegnimento celle e/o regolatore hanno avuto modo di raffreddarsi di quel tanto che basta a tornare all'interno dei parametri operativi, per cui una volta portato il gas a zero tutto si resetta e riprende a funzionare, anche se per pochi secondi.

Il condotto di ingresso tende a schiacciarsi a causa dell' aspirazione della ventola, come posso evitarlo?

I casi sono due: o hai realizzato il condotto con materiali insufficienti, oppure hai comprato un modello previsto per una motorizzazione decisamente meno potente. Hai però una soluzione al problema, e si chiama rowing di carbonio. Con questi "fili magici" che pesano praticamente nulla e che non ti manderanno fallito puoi realizzare delle "ordinate" e dei correntini sul condotto offrendogli così un'ossatura che lo terrà in forma. Applicare il rowing è abbastanza semplice, basta un pennello e un po' di epoxy. Per prima cosa passerai il pennello inumidito di epossidica nel punto dove dovrai avvolgere il condotto con il rowing, dopodiché avvolgerai il carbonio che impregnerai di epossidica. Stesso procedimento per i correntini.

Per facilitare l'operazione, puoi anche tenere in posizione il rowing con una goccia di cianoacrilato, che userai per "puntare" i capi dei fili. Tieni a mente questo materiale, il suo uso non si ferma al solo condotto. Può infatti essere utilizzato per dare un'ossatura o un rinforzo a molti componenti, anche strutturali.

Come posso realizzare un condotto di scarico?

Il condotto di scarico di una ventola non deve per forza essere robusto: la stessa pressione dell'aria tende a mantenerlo in forma, quindi non è necessario l'uso di materiali compositi o comunque "nobili". Ottimi per i nostri usi i trasparenti per rilegature che puoi trovare in cartoleria, ce ne sono in formato A4 (21 x 29,7mm) generalmente sufficiente per le ventole da 70) ed A3 (29,7 x 42 mm). Anche dei fogli di mylar, delle vecchie lastre tipografiche andranno benone. Persino le lastre radiografiche sono adatte, se non ti infastidisce volare con una tibia stampata dentro al tuo modello. Ma tanto chi la vede? Anche del cartoncino pesante può andare, basta aver cura di impermeabilizzarlo con dell'epossidica per evitare future deformazioni dovute all'umidità.

Una volta procurato il foglio che diventerà il tuo scarico, puoi con molta semplicità ricavare il layout (la forma) del tuo cono con un programma di disegno per poi stamparlo direttamente su carta. Ottimo per i nostri usi si rivela il semplice programma "cone layout", che si può scaricare dal sito *www.pulserate.com*. E se ci sai fare col cad (o con la matita) qualsiasi cosa che disegni un cono in pianta va benone. Una volta ritagliata la sagoma su carta basterà utilizzarla per il ritaglio manuale sovrapponendola sul trasparente. A questo punto basta prendere le misure della ventola, calcolare il perimetro del condotto e determinare la riduzione del cono (stretto fino all'80% del diametro della ventola per modelli veloci ed al 90% per modelli lenti), si aggiungono almeno 10 mm di sovrapposizione per l'incollaggio dei lembi e il gioco è fatto.

Per maggior sicurezza puoi fasciare esternamente il cono di scarico con del nastro fibrato. Con pochi cent avrai realizzato il tuo cono di scarico.

Perché i modelli a ventola non hanno il comando del direzionale?

Un modello di jet, specie alle scale minori, ha qualche differenza rispetto al volo di un modello a elica. Per esempio, manca il flusso sul direzionale, e quindi alle basse velocità (come in atterraggio dove forse la deriva sarebbe comodo averla) il comando avrebbe ben poca autorità, se non nulla. Un altro fattore è la scarsa superficie destinata al comando, il che - quando siamo alle prese con modelli piccoli - porta a superfici che più che generare una portanza generano resistenza. Quindi, sostanzialmente non resta che fare a meno del timone, anche perché di norma la stabilità direzionale di un jet grazie anche ai condotti interni è buona e non si rimpiange poi molto la mancanza di un direzionale.

Oltretutto anche le figure acrobatiche dei fullsize non prevedono l'uso del direzionale se non per mantenere delle traiettorie pulite. Diverso ovviamente il discorso per quel che concerne i modelli di dimensioni più generose (generalmente quelli che partono dalla classe 90 mm in su) dove le dimensioni della parte mobile del direzionale cominciano ad offrire una buona, ma mai eclatante, efficienza.

Come devo impostare il regolatore per la mia ventola?

Ci sono regolazioni generali e regolazioni specifiche per il singolo motore. Per esempio, potremo impostare a prescindere il soft start sul valore più dolce possibile, in questo modo anche dando improvvisamente il comando del gas avremo un avvio molto dolce del motore ed eviteremo inutili picchi di assorbimento. Altro parametro fisso è l'eliminazione del freno, che determina una inutile sollecitazione sulla girante.

Un altro valore generalizzato è il soft cutoff, che fa calare il motore al raggiungimento della soglia minima sotto la quale il regolatore avvisa del raggiungimento della scarica limite tagliando gradualmente il gas, questo ci consente di avere ancora qualche secondo di motore utile per riportare in pista il modello.

Per il resto, il foglietto che accompagna il motore indica le regolazioni suggerite dal produttore, che consiglierei vivamente di seguire anche perché non è il caso di spremere a ogni costo qualche watt: impostare magari un anticipo più aggressivo di quello consigliato, potrebbe essere la goccia che fa traboccare il vaso e ci fa fondere il motore.

Dove metto il gancio per la fionda?

Il gancio va posizionato ben davanti al baricentro. Anche di parecchi centimetri, al fine di mantenere dritto e giustamente picchiato il modello durante la fiondata. Abbi cura di fissare molto bene il gancio, e di rinforzare adeguatamente la zona attorno al quale è montato utilizzando fazzoletti in fibra o compensato di adeguata robustezza. Le sollecitazioni in quel punto saranno alte e vanno compensate.

La ventola non ha le flange per il fissaggio sul modello, come faccio?

Normalmente il carbonio si incolla molto bene, la plastica un po' meno, quindi puoi incollare due flange ad "L" per poi fissarle definitivamente con due piccole viti. Abbi cura di mettere la testa della vite all'interno del condotto per minimizzare il disturbo aerodinamico. Puoi anche molare leggermente la testa e fissarla con la ciano a mo' di prigioniero, ma son finezze che costano sì e no qualche grammo di spinta, così come qualche grammo di spinta ti verrà rubato dalle piccole viti che monterai, niente che ti cambi la vita. L'alternativa è una doppia ordinata che contenga l'intera ventola, ma pesa di più e ti complica la vita, per quattro vitine piccine non grideremo allo scandalo. Casomai cerca di inserire della gommapiuma tra il condotto e la fusoliera, così facendo faciliti il compito delle flange che non dovranno sostenere tutto il peso del gruppo ventola completo di motore e smorzeranno anche qualche vibrazione rendendo il tutto un po' più silenzioso.

Posso usare il Bec o devo alimentare la radio con una batteria separata?

Tutto dipende dall'impianto radio e dalla tensione delle batterie di propulsione. Qualsiasi circuito Bec è progettato per l'utilizzo con un numero di servocomandi variabile a seconda del tipo, solitamente questo è chiaramente indicato nel foglietto che accompagna il regolatore di giri.

I jet non sono modelli 3D, per cui non abbiamo un uso contemporaneo e pesante dei servi. E questo favorisce l'uso del Bec, che ci risparmia peso e complicazioni. Il numero di servi utilizzabile è inversamente proporzionale al voltaggio, il che vuol dire che quanto maggiore è il voltaggio delle Lipo, tanto minore è il numero di servocomandi che possiamo alimentare senza friggere il circuito.

I carrelli, se elettrici, vanno conteggiati né più né meno come dei servi. Quindi un modello da 4 celle che utilizzi servocomandi piuttosto piccoli può generalmente essere alimentato dal Bec senza grossi problemi. Anche un grosso (ma semplice) modello da 90 mm con ala a delta con 6 celle, magari da lancio a mano, e che utilizzi due soli servi anche corposetti può essere alimentato con il Bec. Il tutto è dovuto al fatto che quanto maggiore è il voltaggio tanto più grande è la "fatica" che deve fare il circuito per abbassarlo ai 6 volt medi utilizzati dalla radio.

Andando oltre i due servi standard su modelli a 6 celle, conviene decisamente passare alle batterie separate. O quantomeno a un Bec switching di ottima qualità ed elevato amperaggio.

Il rischio è quello di trovarsi senza alimentazione sulla ricevente. Le conseguenze puoi facilmente intuirle, quindi se pensi di essere al limite spendi questi quattro soldi e questo etto di peso ed evita ogni rischio passando all'alimentazione separata.

Quale profilo alare posso utilizzare per il mio jet?

Puoi comportarti come per i modelli a elica. Anzi, spesso abbiamo aperture alari ridotte con corde importanti, per cui puoi prendere in considerazione anche quei profili che solitamente mal digeriscono corde ridotte. Persino il buon vecchio Clark Y può essere utilizzato con successo. Tutto dipende dalle caratteristiche di volo che richiederai al modello. Non c'è nessuna differenza fondamentale rispetto a tutti gli altri aeromodelli, un'ala è un'ala e volerà a seconda del profilo che avrà, del resto se stai disegnando un modello con ogni probabilità sai cosa significa utilizzare un profilo piuttosto che un altro, devi solo tener presente che il carico alare può essere abbastanza cospicuo.

A causa del condotto ho poco spazio per le batterie, che faccio?

In alcuni modelli (per esempio, Sabre e MiG 15) il condotto occupa l'intera fusoliera, quindi di spazio per un componente voluminoso come il pacco batterie non ne avanza molto. Se il modello non usa un pacco da 3 celle, ma multipli di due, puoi aggirare il problema utilizzando pacchi separati da due celle da collocare a fianco del condotto, collegandoli con un cavetto che metta in serie le celle. Otterrai anche un miglior raffreddamento delle batterie dato che le celle centrali di solito sono quelle più stressate dal calore in quanto non presentano superfici direttamente esposte all'aria.

Con la spinta che ha, il modello ce la farà a volare?

Il rapporto spinta/peso del modello che servirà a mettere in aria decentemente il tuo modello non sempre può essere espresso da una tabella; le variabili in gioco sono tantissime, molto dipende dalle dimensioni e dall'aerodinamica. Pertanto si tratta di una valutazione da effettuare caso per caso, e ti faccio alcuni esempi per metterti sulla retta via. Prendiamo un piccolo modello di caccia di un chilo, magari riproduzione di un caccia con poca apertura alare (per esempio un F104). È evidente che non siamo certo di fronte a un aliante, e quindi il suo carico alare sarà piuttosto elevato. Aggiungiamo che i profili alari quando lavorano con corde ridotte sono poco efficienti, e condiamo magari il tutto con qualche piccolo accessorio riproduttivo che genera resistenza.

Ecco un tipico caso in cui non ci basta solo che voli, ma serve anche che lo faccia in modo piuttosto veloce. In questo caso direi proprio che ci vuole una spinta che vada da un rapporto spinta peso di almeno 1:1, ovvero 1000 g di spinta per un chilo di peso del modello.

Prendiamo adesso un modello dello stesso peso, ma con una configurazione aerodinamica meno sprecona, per esempio un trainer con una discreta superficie alare che necessiti di una minore velocità per avere un volo degno di un aereo scuola; è la classica situazione in cui un rapporto di 0,8 è sufficiente. Un U2 di pari peso che ha una configurazione quasi volovelistica volerà degnamente anche con un rapporto di 0,7.

Prendiamo adesso in considerazione modelli di dimensioni più generose. I profili lavoreranno meglio, la capacità di produrre portanza con meno resistenza sale e tutti i valori di spinta possono calare in ragione della maggior efficienza. Un aliantone di 4 metri può salire deciso anche con un rapporto spinta/peso di 0,5, e un rapporto di 0,7-0,8 mette in aria più che allegramente un Panther o un Mb339.

Vorrei progettare un jet, da dove comincio?

A differenza di quanto si fa per un modello a elica o a turbina, la cosa migliore è partire dalla motorizzazione. Non è una buona idea disegnare il modello per poi montare il motore o la turbina adatta, un modello a ventola non consente di cambiare a piacimento il diametro dell'unità motrice, per cui è bene scegliere la ventola per poi cucirle il "vestito" addosso, e non viceversa. Potrai eccepire che su una ventola si possono montare molti motori con una gamma di spinte variabile ed è vero, però è anche vero che una ventola ha un range di resa ottimale piuttosto ristretto, per cui salire di spinta spesso significa perdere molto in efficienza propulsiva. Per esempio, in una ventola da 90 mm questo range va dai 2 ai 3 chili, possiamo salire di spinta ma dobbiamo farlo aumentando tanto il peso specifico dell'unità propulsiva nel suo complesso, per cui se stai pensando a un modello di 5 chili e mezzo di peso farai bene a considerare una ventola da 120 mm che spinga 4 chili e mezzo, e non a una 90 mm che ottenga pari spinta, perché nel primo caso ti basteranno dieci celle e un motore relativamente economico, nel secondo ce ne vorranno probabilmente 12 con un motore di qualità. Il peso del complessivo dell'unità motrice sarà pertanto superiore nel caso della 90, la velocità d'efflusso sarà minore sì ma non è detto che ti serva, e puoi sempre chiudere il condotto di scarico.

☺ *Per progettare un jet a ventola intubata si parte dalla ventola e dalle sue prestazioni. Non si deve cadere nel tranello di progettare il modello per poi adattare la ventola. Bisogna pensare al modello nel suo complesso, è questa la sfida più bella nel mondo delle ventole.*

APPENDICE

Considerazioni filosofiche finali tutte mie

Jet=velocità, questo è quel che si pensa.
Niente di più errato

Il volo di un jet non è necessariamente balistico. Un aereo vola principalmente grazie all'aerodinamica, anche i jet non possono prescindere da questo. Sempre più spesso si assiste a discussioni su come migliorare la spinta, quasi mai a discussioni che riguardino lo sfruttamento efficiente di questa forza.

Difficilmente un caccia supersonico durante un display volerà a velocità superiori ai 4/500 nodi. Non può farlo per motivi di rumore (bang sonico) e anche per motivi di manovra; una velocità quindi non molto superiore a quella di un mustang della seconda guerra mondiale.

Il volo di un jet durante uno show è apparentemente lento, aggraziato e potente allo stesso tempo. Non è mai balistico in senso assoluto. Le dimensioni di un caccia moderno sono ben maggiori rispetto a un caccia della seconda guerra mondiale, cosa che contribuisce a diminuire l'effetto dato dalla velocità.

Quindi, il mio appello alla comunità dei "ventolari" è quello di raggiungere l'obiettivo di un volo realistico. Dobbiamo smettere di pensare a come eguagliare le turbine. La cosa è tecnicamente possibile. Ma nient'affatto necessaria.

Chi cerca la velocità in assoluto farà bene a cercarla altrove. Magari in un pylon a elica. Il bello delle ventole non è nelle possibilità velocistiche; è difficile incontrare un sistema meno efficiente di una ventola per spingere un modello. Con gli stessi watt utilizzati in una ventola di due chili, possiamo satellizzare un modello a elica che ne pesa quattro.

Una ventola ha il suo irrinunciabile significato solo se si vuole volare in modo realistico senza spendere i soldi necessari a una turbina, godendo nel frattempo della praticità d'uso di un sistema elettrico.

Insomma, una ventola non è efficiente. Ma è la sola alternativa valida alle turbine a cherosene nella propulsione di un modello jet. Tutti quei "missili" che spesso vediamo nei filmati in rete molto spesso servono solamente a dimostrare le possibilità di una sistema, ma se ci pensiamo su un attimo sono aria fritta.

Tanto per fare un esempio vedo spesso degli L39 (un addestratore ceco) che filano a velocità irreali. E che atterrano come massi perché caricati di celle. Questo non ha nulla a che vedere con la realtà, un L39 è un addestratore e atterra a velocità di poco superiori rispetto a un aereo dell'aviazione generale.

Il volo teso e balistico ha senso per esempio da un F104, il vero problema è che si assiste a voli balistici di trainer e persino liner. Mi permetto quindi di lanciare un grido addolorato: torniamo a fare i modellisti! Smettiamo di cercare la spinta e la velocità in assoluto e cominciamo a pensare finalmente al risultato finale, che non è affatto detto che debba essere quello della velocità. Torniamo a usare la testa, e smettiamo di pensare di essere dei modellisti figli di un Dio minore.

Le ventole ormai sono mature per riprodurre un jet con pari dignità rispetto alle turbine, non ci resta che focalizzare l'attenzione non tanto su watt e spinta quanto sulla possibilità di riprodurre un modello quantomeno realistico, che è poi la cosa che deve spingere un modellista a utilizzare una ventola al posto di una ben più efficace elica.

Torniamo insomma a volare rilassati, gustiamoci la bellezza di un modello che potrà volare per molti minuti dato che non consuma come una stufa. Torniamo a pensare al programma acrobatico che dovremo eseguire e non a come guadagnare quell'etto di spinta che ci farà superare i duecento, per questo ci sono altri generi di modelli ed altri tipi di propulsione ben più adatti allo scopo.

Una ventola intubata non è un sistema per correre. È una filosofia di volo. È il modo più economico e pratico per evitare l'elica sul muso di un jet.

Il bello del gioco è tutto qui.

F4J: ventolare per sport

Non tutti i modellisti sanno che anche le ventole intubate elettriche, come le cugine a cherosene, partecipano con successo alle gare ufficiali 4FJ, riservate ai modelli a getto.

☺   *A partire dal 2012, oltre che alla classifica generale, le Edf hanno anche una classifica speciale riservata solo a loro.*

Insomma, una volta di più, si ribadisce che le ventole elettriche non sono una categoria "propedeutica" al cherosene, esattamente come nell'F3A l'acrobazia elettrica non è propedeutica a quella a scoppio... Anzi, per la verità, al momento nell'acrobazia gli elettroni stanno mettendo in soffitta i pistoni.

L'F4J è diviso in due grandi sottocategorie: Scale e Sport. I modelli elettrici possono partecipare a entrambe le categorie e devono essere medio-grandi, dal momento che c'è un limite di peso minimo, e devono avere i carrelli, visto che decollo e atterraggio sono manovre obbligatorie.

Alla Scale partecipano i modelli in scala; bisogna portare la documentazione dell'aereo vero che si è riprodotto e c'è una valutazione a terra determinante per il punteggio finale.

Alla Sport possono partecipare tutti i modelli, anche di fantasia. Ci sono manovre obbligatorie per tutti (decollo, volo rettilineo e atterraggio) e manovre a scelta del pilota; a seconda della difficoltà, ogni manovra ha un coefficiente diverso da moltiplicare al punteggio dato dai giudici.
Le manovre sono diverse a seconda del tipo di aereo, acrobatico oppure no, poiché sarebbe poco interessante vedere un Airbus fare il looping o, peggio, il cobra.

Per il regolamento aggiornato, il sito dell'F4J in Italia è www.f4jitalia.it

SOMMARIO

www.ingramcontent.com/pod-product-compliance
Lightning Source LLC
Chambersburg PA
CBHW060357090426
42734CB00011B/2168